事業者必携

◆契約知識から下請法まで◆

最新 請負・業務委託・副業をめぐる法律と実務書式

弁護士 森 公任／弁護士 森元みのり 監修

三修社

本書に関するお問い合わせについて

本書の記述の正誤に関するお問い合わせにつきましては、お手数ですが、小社あてに郵便・ファックス・メールでお願いします。大変恐縮ですが、お電話でのお問い合わせはお受けしておりません。内容によっては、お問い合わせをお受けしてから回答をご送付するまでに１週間から２週間程度を要する場合があります。

なお、本書でとりあげていない事項についてのご質問、個別の案件についてのご相談、監修者紹介の可否については回答をさせていただくことができません。あらかじめご了承ください。

はじめに

ある企業で行っている業務の一部を、専門性の高い別の企業に担ってもらうことをアウトソーシング（業務委託）といいます。たとえば、経理、警備、研究開発、商品管理、商品販売など、ある業務についてお互いに得意な分野で業務提携したり、業務の一部を外部に委託する契約です。

雇用関係を結ぶことなく「業務の完遂」を目的として交わす契約である業務委託にはさまざまなメリットがあります。法律上、業務委託契約には請負となる場合と準委任となる場合とがあります。請負契約では、請負人は、仕事を完成させる義務を負うのみで、原則として仕事の完成を他人に行わせること（下請）ができます。なお、業務委託の中には、企業と雇用関係を持たずに、請負契約や準委任契約などを結んで働くフリーランス（個人請負）の人も含まれます。最近では、副業・兼業という形でフリーランスとして働く人もいます。

さらに、コンプライアンス（法令遵守）が重視されるビジネスの現場では、特に他の企業との取引にあたって、各企業は下請法を理解した上で活動することも求められています。

本書は、このような請負、業務委託のメリット・デメリットから法的性質、実務上活用する頻度の高い書式をセレクトして、１冊に集約しました。請負や業務委託などの基本事項や大企業と取引をした中小企業や個人事業者が、大企業から不当な要求をされることを防ぐ目的で制定された下請法の知識、請負や業務委託と関連する副業についてのガイドラインや社内規程などを解説した上で、契約書作成のポイントや基本書式を掲載しています。

本書を通じて、適切な業務委託契約が遂行され、多くの成果を生み出すことができれば幸いです。

監修者　弁護士　森　公任　弁護士　森元みのり

Contents

第４章　建設工事・不動産の請負・委託・委任に関する書式

第５章　ＯＥＭ・加工委託・商品販売委託に関する書式

第６章　ＩＴ契約・研究開発に関する書式

第１章

請負・業務委託・副業・兼業の基本と活用法

1 アウトソーシングとはどんな形態なのか

外部の資源を自社の業務に活用する

アウトソーシングとは

アウトソーシングとは、外部の資源を自社の業務に活用することです。たとえば、商品の生産機能を持たないファブレス企業は、生産機能を持っている外部の企業との間でOEM契約（199ページ）を締結して、その企業に商品の生産を委託し、生産された商品を自社の商品として販売します。この場合、委託した外部の企業のヒト・モノ・ノウハウ・情報を活用することになります。

アウトソーシングの委託側のメリットには、①コア業務に集中できること、②ノンコア業務について外部の専門性を活用できること、③外部の専門性の活用や、状況に応じた委託業務量の調整により、コストを削減できること、などがあります。デメリットには、①機密情報の漏えいのおそれがあること、②自社特有のニーズへの対応が難しい場合があること、③委託した業務について自社の専門性を高めることができないこと、などがあります。

これに対し、アウトソーシングの受託側のメリットには、①余剰の経営資源を活用することで、自社の売上増加やコスト削減につながること、②自社の専門性を活用できること、などがあります。デメリットには、①業務の有無や量が委託側の都合に左右されること、②受託した業務以外の業務の専門性を高めにくいこと、などがあります。

アウトソーシングという場合は、外部のモノ・ノウハウ・情報のみを活用するのではなく、多かれ少なかれ外部のヒトを活用することも意味するのが通常です。外部人材の活用に特化したアウトソーシングもあります。

人材のアウトソーシングとは

外部の人材を活用する場合、さまざまな契約形態があります。

まず、労務提供先の指揮監督の下で業務を行う場合としては、**直接雇用**と**労働者派遣**があります。在籍出向は、出向元との間だけでなく出向先との間でも雇用関係にありますので、直接雇用に含まれます。労働者派遣は、派遣元との間に雇用関係があるものの、派遣先の指揮監督の下で業務を行う形態です。

他方、労務提供先の指揮監督を受けずに業務を行う場合は、一般的に**業務委託**と呼ばれます。業務委託には、仕事の完成を約束する請負契約としての性質を持つ場合と、単に委託された業務を遂行する準委任契約としての性質を持つ場合があります。

契約形態によって法規制が異なりますので、どのような契約形態なのかが重要となります。労務提供先の指揮監督の下で業務を行う場合、労働基準法などの規制があり、労働者派遣においても、労働者派遣法だけでなく、労働基準法などが部分的に適用されます。他方、業務委託の場合、労働基準法などの規制はありませんが、下請法などの規制があります。

■ 人材を活用するための契約形態

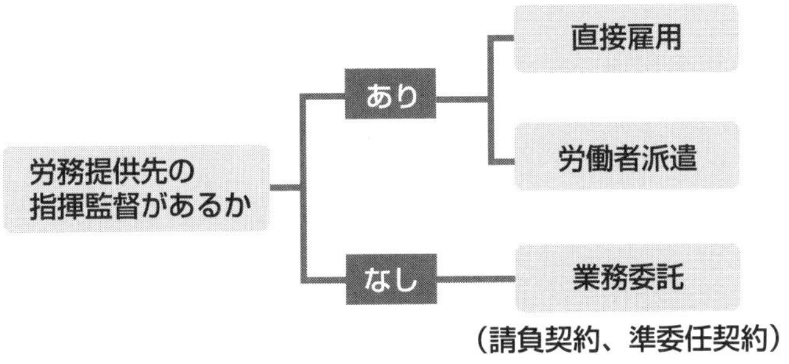

2 請負と準委任との違い

仕事の完成を目的としているかどうかがポイント

なぜ請負と準委任との違いが重要なのか

アウトソーシングを利用する場合は、外部の企業との間で業務委託契約を結ぶことが一般的です。法律上、業務委託契約は**請負**となる場合と、**準委任**となる場合とがありますが、両者は法的性質が異なるため、その点を知っておく必要があります。

請負とは、請負人が仕事を完成することを約束し、注文者が仕事の結果に対して報酬を支払うことを約束する契約です（民法632条）。請負人は、仕事を完成させる義務を負うのみで、原則として仕事の完成を他人に行わせること（下請）ができます。一方、準委任とは、委任者が受任者に対し、法律行為以外の事務（業務）の遂行を委託する契約です（民法656条）。受任者は、委任者の承諾があるか、やむを得ない事由がなければ、他人に事務の遂行を行わせること（復委任）ができません（民法644条の２第１項）。

したがって、請負と準委任との違いは、仕事の完成を約束するか、単に委託された業務を遂行するかという点と、他人に仕事や事務処理を行わせることができるかという点にあります。ただし、準委任の場合でも、受任者の業務の遂行により得られる成果物の引渡しに対し、委任者が報酬を支払うことを約束することもできます。

たとえば、「朝の９時から夜の10時までパンを100個売る」という契約においては、請負契約では仕事の完成が義務ですから、パン100個を売るまで報酬を得ることができません。一方、準委任契約ではパン100個を売ることを契約の目的としていないため、朝の９時から夜の10まで業務を遂行することで報酬を得ることができます。

請負における請負人は、仕事の完成について責任を負います。もし、納品した仕事の目的物に欠陥があれば、欠陥を修繕したり、代金の減額に応じたり、場合によっては損害賠償責任を負います（**契約不適合責任**または**担保責任**といいます）。

他方、準委任における受任者は、事務の遂行について責任を負います。受任者は、契約の趣旨に沿って、善良な管理者の注意をもって、受任した事務を遂行する責任を負います（**善管注意義務**といいます）。受任者が注意を怠ったことにより、委任者に損害が生じたときは、損害賠償責任を負います。

契約が請負か準委任かは、契約書のタイトルだけでなく、その中身を吟味しなければわかりません。また、請負か準委任かによって、契約内容の有利・不利が一概に決まるわけでもありません。

契約書のどこをチェックすればよいのか

業務委託契約という名称は、法律上の定義があるわけではないにもかかわらず、一般的にはよく使用されています。業務委託契約を準委任と意図している場合もあります。そのため、業務委託契約書という名称であったとしても、実態は請負である可能性があります。前述し

■ 請負契約のしくみ

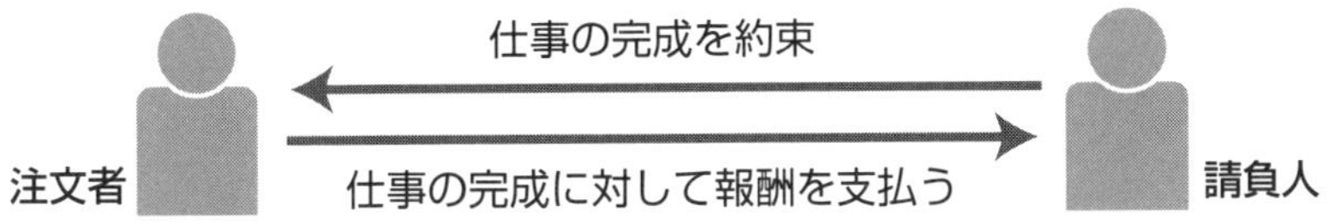

Point

- 仕事の完成が目的
- 請負人は、納品した目的物の欠陥（契約不適合）について、修繕、代金減額、損害賠償などの責任を負う

たように、業務委託契約については、請負の法的性質を持つ場合と、準委任の法的性質を持つ場合がありますが、ここでは、それらの区別のポイントを見ていきます。

① 対象となる業務が具体的に特定されているか

請負の目的は「仕事の完成」です。仕事が完成（終了）した時点で、通常は何らかの成果物が生み出されるため、請負であれば契約書に成果物の記載があるはずです。他方、準委任の目的は「事務の委託」ですから、委託された事務処理（業務）が他の業務から完全に独立した形でなされるかどうかがポイントです。準委任の契約書には、具体的な事務処理の内容が記載されているはずです。

② 作業場所

請負の場合、請負人の管理下にある場所、つまり請負人の作業場所で仕事をするのが一般的です。他方、準委任の場合は、業務内容により変わるので、作業場所から判断するのは難しいでしょう。清掃や警備のように、委託者の事務所などでなければ遂行できない事務処理があるからです。

③ 納期や契約期間

請負の場合は、成果物の納入で仕事が完成（終了）するため、契約で納期を定めることになります。他方、準委任の場合は、事務処理を継続する期間（契約期間）を定めることになります。

■ 準委任契約のしくみ

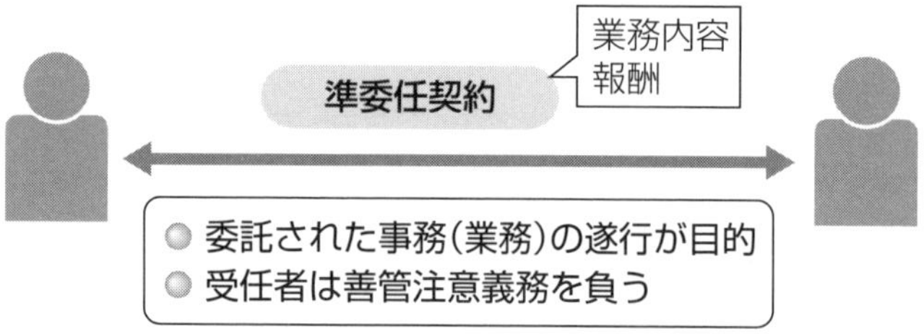

④　報酬の定め方

請負の場合は、完成した成果物につき「１ついくら」「総額いくら」といった定め方になっているはずです。他方、準委任の場合は、業務ごとに報酬を定めたり、業務の遂行により生じた成果物に対して報酬を定めたりするのが一般的ですが、業務に要した時間に応じて報酬を定める場合もあります。

⑤　指揮命令権

請負や準委任の場合、指揮命令権は依頼者（注文者・委託者）の側にありません。作業従事者に対しては、その雇用主である請負人・受託者だけが指揮命令権を持っています。したがって、契約書に指揮命令権の所在が明記されていれば、請負や準委任ではなく労働者派遣に該当します。具体的な仕事や業務の指示がなくても、始業・終業時刻、休憩時間の管理、時間外労働・休日労働の命令権を依頼者が持っている場合も労働者派遣とみなされます。請負や準委任において依頼者が命令できる範囲は、依頼者の事務所などで作業する場合であっても、入館可能な時間帯や禁止行為の設定などにとどまります。

■ 労働者派遣・請負・準委任の区別 ………………………………

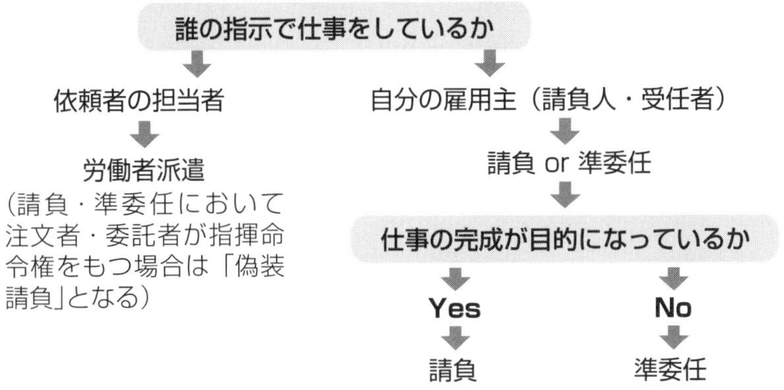

3 企業はフリーランスをどう活用すればよいのか

業務量にあわせた人材の確保ができる

フリーランスにはどのようなメリットがあるか

フリーランスとは、企業と雇用関係を持たずに、請負契約や準委任契約などを結んで働くことです。フリーランスのような個人請負の形態は以前から、大工、タクシー運転手、保険外交員、編集者、ライターなどの職種に見られました。近年では、プログラマーやWebデザイナーなどIT関連の職種でも多く見られます。

このようなスタイルの働き方は、働き手にとっても、企業にとっても一定のメリットがあります。働き手としては、労働時間に縛られず自分のペースで働けることや、企業という枠組みを超えて一定のプロジェクトごとに集まり仕事ができるといったメリットがあります。これに対し、企業としては、専門的な知識・技術をもった外部の人材を活用できることや、人件費の削減につながる、業務量にあわせた規模の人材の確保ができるといったメリットがあります。

フリーランスは**個人事業主**とみなされるので、労働関係の法令（労働基準法、最低賃金法、労災保険法など）の適用を受けません。労働関係の法令では、賃金の最低水準、労働時間の規制、労災保険の給付などによる労働者保護を定めていますが、労働者ではない個人事業主は対象外です。そのため、業務内容や報酬などは、双方の合意で自由に決定できます。完全出来高払いや歩合制など成果重視の報酬形態も可能です。また、労働者ではないという点から、企業としては、社会保険加入や福利厚生の提供などのコストの削減が期待できます。

働き手にとっては、子育てや介護をしながら空き時間を活用して就業する、専門性を生かして複数の会社から業務を請け負う、といった自由なスタイルで働けることがメリットになります。

働き手にとってのフリーランスのデメリット

フリーランスとして働く人にとっては、メリットばかりではありません。フリーランスは、法律上は企業と対等の関係にある「事業主」ということになるので、雇用保険や労災保険などに基づく給付が得られず、最低賃金の保障もありません。なお、労災保険については特別加入の対象者（個人タクシー業者、個人配送業者、大工など）であれば、任意に加入することで、業務上のケガなどの場合に労災保険の給付を受けることが可能です。令和３年度以降、芸能従事者、アニメーション制作従事者、柔道整復師が特別加入の対象者として追加される予定です。

フリーランスは、取引先の企業の職場において、取引先の担当者の指揮命令下に置かれ、実質的に普通の労働者と変わらないこともあるようです。高度な専門性がある働き手であれば、企業にも仕事を依頼するメリットがあり、フリーランスも高収入を得られますが、労災保険や雇用保険の保険料の負担を逃れるためにフリーランスを利用する企業も存在するのが現状です（発覚すると保険料の追徴を受けることがあります）。

このような状況のため、フリーランスについても、普通の労働者と同様に保護すべきではないかが議論されています。

トラブルにならないように配慮する必要がある

フリーランスは、適切に活用すれば、自社で労働者を雇用するよりも少ない費用で、必要なスキルを持っている人材を、必要な時に、必要な人数だけ確保することが可能になります。たとえば、作業スペースやパソコンなどの設備は、フリーランス側が用意するのが一般的ですから、その分のコスト削減が期待できます。作業量の変動が大きい場合は、登録制のような形で在宅就業ができる人のリストを作成しておき、必要に応じて依頼を出せば、人件費のコストを削減しつつ日々の業務に対応できることになります。

しかし、フリーランスの活用を「安くて手軽な手段だから」と安易に考えると、トラブルが起きて、かえって日々の業務が滞ってしまう可能性もあります。フリーランスを活用する際には、トラブルを防ぐため、報酬の計算方法や業務の依頼方法など、契約内容を慎重にまとめておく必要があります。その上で、契約の内容を働き手ともよく確認して契約書にまとめ、双方が押印して取り交わすようにしましょう。

また、このようなフリーランスのトラブルを避けるために、平成29年３月に決定された「働き方改革実行計画」を受けて、厚生労働省は、平成30年２月、特に自営型テレワーカーの募集や契約、報酬などについて最低限のルールを定めたガイドラインとして「自営型テレワークの適正な実施のためのガイドライン」を策定しました（129ページ）。

フリーランスのモラルの高さには個人差がありますし、能力も自己申告で、均質な作業の品質を確保することが難しいといえます。そのため、モラルや能力の高い者を見極めて、業務を依頼することも重要です。

■ 個人請負のメリット

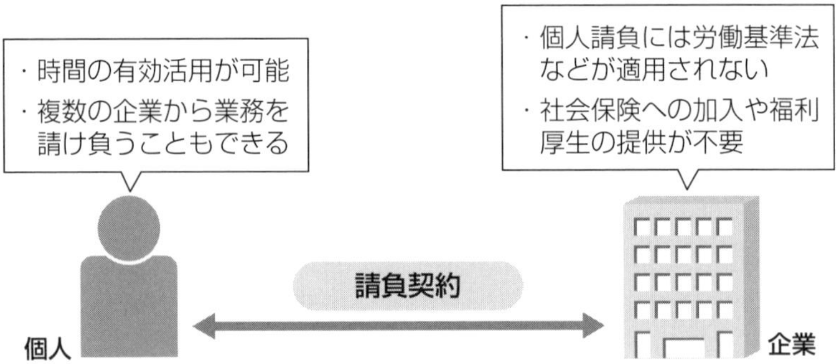

4 副業・兼業について知っておこう

本業に支障がなければ副業を行うことも認められる

副業・兼業とは

副業や兼業に明確な定義があるわけではありませんが、一般的には「本業以外で収入を得る仕事」とされています。企業と雇用契約を結んで労働者として働く場合を**副業**と呼び、個人事業主として請負契約などを結んで業務を行う場合などを**兼業**と呼ぶこともあります（本書では、副業と兼業の違いを明確に分けず、本業以外の働き方を「副業・兼業」あるいは「副業」「兼業」と表記しています）。

また、アパートやマンションなどを所有していて不動産所得を得る場合も、広義には副業あるいは兼業と言われることがあります。最近では、インターネットを介した個人間売買（ネットオークションなど）、株式売買（デイトレードなど）、アフィリエイト、などによって所得を得る副業・兼業もあります。

このように副業・兼業にはさまざまな形態がありますが、その全般について法的な規制があるわけではありません。企業と雇用契約を結んで労働者として働く場合には、副業であっても労働基準法などの労働法規が適用されますし、本業の使用者との関係にも影響を及ぼします。

日本では欧米に比べて会社の開業率が低いことや、少子高齢化による労働力の減少などが課題として挙げられています。これらの課題に対して副業・兼業を推進していくことは、起業の促進や、慢性的な人手不足の解消に有効だと考えられています。

労働者は副業を行うことができるか

就業規則において正社員の副業を「原則禁止」または「会社の許可

が必要」と規定している企業は多いようです。ただ、憲法では「職業選択の自由」を謳っています。

我が国の法令上、副業禁止が明記されているのは公務員だけで、民間企業に勤務する労働者の副業を禁じる規定はありません。労働基準法に副業を禁止する規定がないということは、意外に知らない人が多いかもしれません。むしろ副業を全面的に禁止することは、特別な事情がない限り合理的ではないとする裁判例もあります。

しかし、就業規則などで副業を禁止することが法的に一切認められないわけではありません。また、営業秘密の保持などを重視して、就業規則などで副業を禁止するにとどまらず、会社の許可なく行った副業について、就業規則などで懲戒事由にしていることもあります。

会社側が副業を禁じる理由としては、「副業をすると、疲れがたまって本業に支障をきたす」「副業先で本業の情報が漏えいするおそれがある」「残業や休日出勤ができなくなる」などが挙げられます。副業禁止の就業規則を破って、会社側から懲戒処分（懲戒解雇処分など）を受けた労働者が、会社を訴えた裁判においても、上記のような理由で会社に損害を与えたり、労務の提供に支障が生じるおそれがあるとして、会社側の懲戒処分の適法性を認めることもあります。

たとえば、毎日６時間に及ぶ深夜にまでわたる長時間の副業について、本業である会社における勤務に支障が生じるおそれがあるとして、会社が副業を行う労働者に懲戒処分を行うことが認められると判断されたケースがあります。また、会社の管理職にあたる労働者が、直接経営には関与しないものの競合他社の取締役に就任した事案について、会社が懲戒処分を行うことが許されると判断されたケースもあります。

副業によって会社に対して不利益が生じるおそれがあるとはいえない場合には、基本的には、労働者の副業を制限することはできず、副業をすることは懲戒事由にあたらないと考えられます。したがって、就業規則の副業禁止規定が常に有効だとは限らず、たとえ規定が有効だとしても、規定に違反した労働者を常に懲戒処分にできるとは限りません。なお、副業について許可または届出を条件とする会社も存在します。許可の条件として、業種を制限したり、時間や日数を制限することも考えられます。この場合、会社は副業の是非を判断することができ、労働者も懲戒処分を恐れず副業をすることができます。

副業・兼業を認めている会社はどれくらいあるのか

株式会社リクルートキャリアが、2020年３月に発表した「兼業・副業に対する企業の意識調査」では、兼業を「禁止している」と答えた企業が全体の69.1％を占めており、「推進・容認」の30.9％を大きく上回っています。また、従業員規模10 ～ 49人の企業では「推進・容認」が43.3％であるのに対して、従業員規模が1000人以上の企業は「推進・容認」が26.0％という結果となっています。また、総務省統計局「平成29年度就業構造基本調査」によると、副業を希望している雇用者数は右肩上がりに増えており、平成29年で雇用者全体の6.4％（4,244.0千人）が副業を希望しています。雇用者全体の4.0％（2,678.4千人）が複数の雇用契約で働く複数就業者となっています。

■ 副業

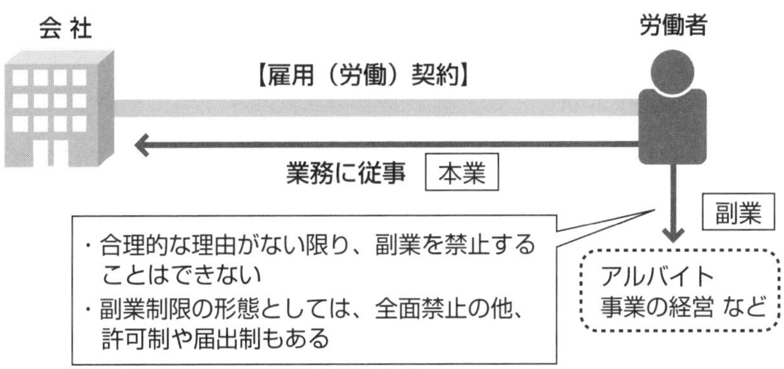

5 副業・兼業のメリット・デメリット

会社にとっても人材育成・人材確保につながる

どんなメリットがあるのか

副業・兼業は、企業にとって、人材育成につながるというメリットがあります。具体的には、社外でも通用する知識・スキルの研鑽に努めることで自立した社員を増やすことができることや、副業が個人事業であれば経営者の感覚を養えることなどが挙げられます。

また、人材の獲得・流出防止のメリットがあります。具体的には、経験豊富な人材を副業として受け入れることで、比較的低コストで人材を獲得することができることや、副業を認めることで優秀な人材をつなぎとめ、雇用継続につながることなどが挙げられます。新たな知識・人脈などの獲得のメリットもあります。副業先から得た知識・情報・人脈は本業の事業拡大のきっかけになる可能性があります。

副業・兼業の制度が、必ずしもすべての業種・業態に相性がよいわけではありませんが、たとえば、技術革新が著しいIT分野での副業・兼業は、社外の知識、スキル、人脈などを得ることができるため、メリットが大きいといえます。

社員にとっては、副業で所得が増加することが最も大きなメリットです。また、将来のキャリアを形成するためのリソースとなる社外で通用する知識・スキル、人脈を獲得することで、労働・人材市場における価値を高めることができます。

副業・兼業は、本業では得られないやりがいを得ることもできます。たとえば、本業で安定した生活ができる所得を稼ぎながら、社会貢献活動や芸術活動に挑戦できます。また、将来の起業や転職に向けた準備期間として副業を利用することもできます。

デメリットもあることに注意

企業にとってのデメリットは、長時間労働による社員の健康への影響や、労働生産性の低下が懸念されることです。業務上の情報漏えい、本業との競業によるリスクが高まることも、デメリットとして挙げられます。

長時間労働による社員の健康への影響と関連するところでは、本業の業務時間中における社員の労災リスクが高まることも懸念されます。また、現行の法制度上は、本業と副業の労働時間が通算され、時間外労働の割増賃金が発生する場合があることなどもデメリットとして挙げられます。

社員にとってのデメリットは、就業時間の増加によって心身への負担が大きくなり、本業への支障をきたすことです。本業に支障をきたすようになると、本業における評価が低くなる（その結果として本業の給与が減額される）こともあるでしょう。また、本業と副業の仕事のタスクが多くなると、それらを管理することが困難になるリスクもあります。

昼夜の交代勤務や肉体的負担の大きな業種・業態では、社員をきちんと休ませるという意味では、副業・兼業に向かない場合もあるでしょう。

■ 副業・兼業のメリット・デメリット

	企　業	社　員
メリット	・人材育成 ・人材の獲得・流出防止 ・新たな知識・人脈などの獲得	・所得増加 ・自身の能力・キャリアの拡大 ・やりがいの獲得 ・起業や転職の準備期間の確保
デメリット	・社員の健康への影響、労災リスクが高まる ・労働生産性の低下 ・業務上の情報漏えい、本業との競業によるリスク	・心身への負担増加 ・本業の評価への影響 ・本業と副業のタスク管理の困難さ

Column

労働者はどんなことを知っておくべきか

裁判例や「副業・兼業の促進に関するガイドライン」によれば、就業時間外の時間については労働者の自由であり、会社は、本業に支障をきたす場合、副業・兼業が不正な競合にあたる場合、企業の名誉・信用を損なう場合、企業秘密が漏えいする場合などのような制限すべき理由がない限り、副業・兼業を認めなければなりません。まず、労働者は、就業規則や労働契約において会社の副業・兼業のルールを確認する必要があります。また、就業規則などには、副業・兼業の手続きを定めている場合があります。たとえば、届出制や許可制の手続きであれば、副業先の会社名、契約形態、業種、就業時間、休日などを届け出る必要があるでしょう。次に、本業への支障がないことを伝えるなど上司や人事部の担当者と話し合いをしておくことは最も重要なことです。

副業・兼業を開始した後には、労働時間の管理と健康状態の管理を自身で行う必要があります。「副業・兼業の促進に関するガイドライン」では、会社による副業・兼業先の労働時間の管理の方法として、労働者からの自己申告による管理を挙げています。そのため、会社は労働者から副業・兼業先の労働時間の把握のため、実際の就業時間の申告を求めると考えられ、労働者はそれらを提出する必要があります。健康状態の管理に関しても、副業・兼業による過労によって健康を害していないかを自ら把握しておく必要もあるでしょう。

なお、副業・兼業によって年間所得20万円以上の場合には、本業の会社の年末調整ではなく、個人の確定申告が必要になるため注意が必要です。20万円以上になるかどうかは、原則として収入から必要経費を控除した額によって判断します。

第２章

下請法のしくみ

1 下請法について知っておこう

立場の弱い企業を守る法律である

なぜ制定されたのか

下請法（下請代金支払遅延等防止法）は、大企業と取引をした中小企業や個人事業者が、大企業から不当な要求をされることを防ぐ目的で制定された法律です。中小企業や個人事業主は、大企業が重要な取引先となっているケースが多いので、大企業との関係が悪化すると事業活動が立ち行かなくなってしまいます。そのため、大企業から不当な要求をされたとしても、その要求をのまざるを得ない立場にあります。

そこで、中小企業や個人事業者を大企業からの不当な要求から守るために、下請法が制定されました。

どんな法律なのか

下請法は、規模の大きな企業を**親事業者**、規模の小さい企業や個人事業者を**下請事業者**と定義した上で、親事業者と下請事業者との間で請負契約を締結する際に、親事業者が下請事業者に対して不当な要求をすることを禁止しています。

どちらが親事業者または下請事業者となるかについては、相対的な関係で決まります。たとえば、物品の製造・修理委託などについては、資本金が３億円を超える事業者が親事業者になり資本金３億円以下の事業者が下請事業者になる場合、または、資本金が1000万円を超え３億円以下の事業者が親事業者になり資本金1000万円以下の事業者が下請事業者になる場合、といったように事業者の資本金の規模に応じた規制が行われています（30ページ）。

独占禁止法との関係は

下請法で禁止されている行為の多くは、**独占禁止法の優越的地位の濫用**の規定によっても禁止されている行為です。

たとえば、大企業が元請になり中小企業が下請となった場合に、大企業が下請に支払う代金を不当に減額することは優越的地位の濫用に該当します。大企業が、自分の立場が強いことを利用して、中小企業に対して無理な要求をしているので、優越的地位の濫用として独占禁止法によって規制されています。

しかし、優越的地位の濫用に関する規定は抽象的であって、どのような行為が優越的地位の濫用に該当するのかわかりにくいという欠点があります。これに対して、下請法では、元請から下請に対するどのような要求が禁止されるのかについて具体的に示されています。

どんな場合に適用されるのか

下請法が適用される取引は、「製造委託」「修理委託」「情報成果物の作成委託」「役務の提供委託」の４種類に大別されています。

そして、これらの委託に関する契約が、規模が大きい企業を注文者、規模が小さい企業を請負人として締結される場合に、下請法が適用されます。

■ 下請法の全体像

2 どんな取引が対象になるのか

資本金と委託取引に応じて親事業者か下請事業者かが変わる

適用対象になる取引は４類型ある

下請法の適用を受ける取引は、製造委託、修理委託、情報成果物の作成委託、役務の提供委託、という４種類の委託取引です。

製造委託契約とは、ある事業者が他の事業者に対して、製品の規格、形状、デザインなどを指定して、物品（動産を指します）、半製品、部品、原材料、金型の製造を委託する契約です。たとえば、①物品を販売している事業者が他の事業者に物品などの製造を委託すること、②物品を製造している事業者が他の事業者に物品などの製造を委託すること、③物品を修理している事業者が修理に必要な部品などの製造を他の事業者に委託すること、④自社の工場で使用する機械の製造を業務として行っている場合に、その機械の製造を他の事業者に委託すること、が製造委託契約に該当します。

修理委託とは、事業者が業務として請け負う物品の修理を他の事業者に委託することです。たとえば、物品の修理を請け負った事業者が修理の一部を他の事業者に委託することや、自社の工場で使用する物品の修理を業務として行っている場合に、その修理の一部を他の事業者に委託することが修理委託に該当します。

情報成果物の作成委託とは、情報成果物（映像、デザイン、ソフトウェアなど）の提供・作成を行う事業者が、その情報成果物の作成を他の事業者に委託することです。たとえば、テレビのコマーシャルを製作する広告会社が、コマーシャルの一部の製作を他の事業者に委託することが情報成果物の作成委託に該当します。

役務の提供委託とは、事業者が業務として行っている役務提供の一部を他の事業者に委託することです。たとえば、ビルのメンテナンスを行っている会社が、メンテナンスに必要な作業の一部を他の会社に委託することが役務の提供委託に該当します。

なお、建設業を営む業者（建設業者）が業務として請け負う建設工事に対して下請法は適用されず、建設業法が適用されます。

規制対象になる親事業者と保護される下請事業者

製造委託契約・修理委託契約を締結しているか、または情報成果物の作成委託契約・役務の提供契約を締結しているかによって、原則として規制対象となる親事業者と保護される下請事業者の範囲が異なってきます。

まず、①製造委託・修理委託及び政令で定める情報成果物の作成委託・役務の提供委託を行う場合について説明します。資本金の総額が３億円を超える事業者が、資本金が３億円以下の事業者に対して①の委託をする場合に、前者の事業者が親事業者として規制され、後者の事業者が下請事業者として保護されます。

また、資本金の総額が1000万円を超えて３億円以下の事業者が、資本金が1000万円以下の事業者に対して①の委託をする場合に、前者の

■ 下請法の対象となる４つの取引

① 製造委託	製品の規格やデザインなどを指定して物品や部品などを製造することを他の事業者に委託すること
② 修理委託	物品の修理を他の事業者に委託すること
③ 情報成果物の作成委託	映像やデザインなどの情報成果物の作成を他の事業者に委託すること
④ 役務の提供委託	役務の一部を他の事業者に委託すること

建設業者による建設工事は対象にならない

事業者が親事業者として規制され、後者の事業者が下請事業者として保護されます。

次に、②情報成果物の作成委託・役務の提供委託（①の政令で定めるものを除く）を行う場合について説明します。資本金が5000万円を超える事業者が、資本金が5000万円以下の事業者に対して②の委託をする場合に、前者の事業者が親事業者として規制され、後者の事業者が下請事業者として保護されます。

また、資本金の額が1000万円を超え5000万円以下の事業者が、資本金が1000万円以下の事業者に対して②の委託をする場合には、前者の事業者が親事業者として規制され、後者の事業者が下請事業者として保護されます。

なお、業務の執行について親事業者である会社Aから支配を受けている会社Bが、会社Aから請け負った事業を別の会社Cに再委託する場合には、会社Bは親事業者（みなし親事業者）だとみなされます。これを**トンネル会社規制**と呼ぶことがあります。規模の小さい会社Bを経由して会社Cに委託することで下請法の適用を免れることを防ぐために、会社Bを親事業者とみなすことにしているのです。

■ 下請法の親事業者、下請事業者と扱われる場合 ………………

対象となる取引	親事業者		下請事業者
物品の製造・修理委託及び政令で定める情報成果物作成・役務提供委託を行う場合	資本金３億円超	⟶	資本金３億円以下
	資本金1000万超 ３億円以下	⟶	資本金1000万円以下
上記の情報成果物作成・役務提供委託を除く情報成果物作成・役務提供委託を行う場合	資本金5000万円超	→	資本金5000万円以下
	資本金1000万円超 5000万円以下	→	資本金1000万円以下

※下請事業者には個人事業者（個人として業務を行う者）を含む

3 親事業者にはどんな義務があるのか

書面を作成する義務もある

どんな義務が課されているのか

下請事業者が親事業者による行為により不当な不利益を受けないように、親事業者に対してはさまざまな義務が課せられています。具体的には、①契約内容を記載した書面の交付義務、②下請代金の支払期日を定める義務、③書類を作成・保存する義務、④遅延利息の支払義務があります。以下の項目では、親事業者が負っている義務の内容について、見ていきます。

①　契約内容を記載した書面の交付義務

親事業者には、製造委託等（製造委託、修理委託、情報成果物の作成委託、役務の提供委託）の契約をする都度、下請事業者に対し、下請事業者の給付の内容、下請代金の額、下請代金の支払期日・支払方法など、契約内容を記載した書面（**３条書面**）を直ちに交付する義務があります。契約は口約束でも成立します。親事業者と下請事業者の請負契約であっても、口約束があれば契約が成立することは変わりがありません。しかし、契約の内容があいまいであるために後日に紛争になった場合には、親事業者と比べて立場が弱い下請事業者が、親事業者の主張を受け入れざるを得なくなります。契約の内容をあいまいにしないために、親事業者には、発注のたびに、３条書面を直ちに下請事業者に交付する義務が課せられています。

ただし、必要記載事項のうち、一定期間共通である事項（支払方法、検査期間など）について、あらかじめこれらの事項を明確に記載した書面で下請事業者に通知している場合には、発注のたびに、これらの事項を３条書面に記載する必要はありません。

②　下請代金の支払期日を定める義務

親事業者には下請代金の支払期日を定める義務があります。この期日は、下請事業者から給付や役務の提供を受けた日から起算して60日以内で定める義務があります。初日を含めて60日以内であるのがポイントです。下請事業者にとって、下請代金を確実に受け取れるかどうかは重要な関心事です。また、下請代金の支払いが先延ばしになると、下請事業者の経営が苦しくなります。そのため、親事業者に対し下請代金の支払期日を定める義務を課し、この期日は下請事業者から給付や役務の提供を受けた日から起算して60日以内としました。

下請代金の支払期日を定めなかった場合には、下請業者が役務の提供をした日か、親事業者が下請事業者から製作物の給付を受けた日が支払期日になります。給付や役務の提供を受けた日から起算して60日が経過した以降の日を支払期日と定めた場合には、60日目が支払期日になります。さらに、給付を受けた内容を後日に検査する場合でも、あくまで給付を受けた日から起算して60日以内が支払期日となる点に注意が必要です。

③　書類の作成や保存義務

親事業者は、下請事業者と製造委託等の契約を締結した場合に、下請事業者が親事業者に給付した物品や、下請代金の額などを記載した書類（**5条書面**）を作成し、２年間保存する義務があります。下請業者との取引でトラブルが生じることを防止し、公正取引委員会による親事業者への監督を適正に行うために、親事業者には５条書面の作成と保存が義務付けられています。

５条書面には、下請事業者ごとに、下請事業者の名称、製造委託等をした日、下請事業者の給付の内容（役務提供委託では役務の提供の内容）、下請事業者からの給付を受領した日（役務提供委託では役務が提供される期日・期間）、下請事業者に支払った代金の額などを記載します。５条書面の作成・保存を怠った場合には、50万円以下の罰金が科されます。

④　遅延利息の支払義務

下請代金の支払遅延があった場合、親事業者は、下請事業者に対し、下請事業者からの給付や役務の提供があった日から起算して60日が経過した日から、年14.6％の遅延利息を支払う必要があります。

たとえば、親事業者が下請事業者に製品の製造を委託していた場合には、下請事業者からその製品を受け取ってから60日を経過した日から、親事業者は下請代金に年14.6％の遅延利息をつけて下請業者に代金の支払いをしなければなりません。

ただし、年14.6％という遅延利息は親事業者が受領をした日から起算して60日が経過しないと付されません。そのため、親事業者と下請事業者の間で「親事業者が製品を受け取った日から起算して20日以内に、親事業者から下請事業者に代金の支払いを行う」と契約していたとしても、年14.6％の遅延利息は親事業者が製品を受け取ってから60日を経過してからつきます。この場合、21日目から60日目までの間は、当事者で遅延利息を定めていない限り、年３％の法定利率の割合で遅延利息がつきます。なお、法定利率については、2017年６月公布の民法改正の施行日である2020年４月１日に、民事・商事を問わず「年３％」に統一され、以後は３年毎に法定利率が見直されることになりました（変動利率）。

■ 親事業者に課される義務

①契約内容を記載した書面を交付する	➡ 発注する際に交付するのが原則
②下請代金の支払期日を定める	➡ 給付等（給付や役務提供）の日から起算して60日以内
③書類を作成・保存する	➡ 怠った場合には50万円以下の罰金
④下請代金の遅延があった場合には遅延利息を支払う	➡ 給付等の日から起算して60日が経過した日から年14.6%の遅延利息の支払義務が生じる

4 禁止行為や違反措置について知っておこう

親事業者の禁止行為として11項目が示されている

禁止行為は11項目ある

下請法では、親事業者に対し11項目の行為を禁止しています。ここでは11項目の禁止行為について簡単に紹介していきます。

① 親事業者が下請業者に委託を行い、下請業者が親事業者に製品などの給付をした場合には、親事業者が下請事業者からの給付の受領を拒絶することは禁止されています（**受領拒否の禁止**）。

② 下請代金の支払いを遅延することは禁止されています（**支払遅延の禁止**）。親事業者は、下請事業者から給付を受領した日から起算して60日以内の支払期日に下請代金を全額支払う必要があります。

③ 親事業者が、下請事業者に責任がないにもかかわらず、発注時に決められた代金を減額することは禁止されています（**減額の禁止**）。

④ 下請事業者に責任がないにもかかわらず、親事業者が下請事業者から受け取った製品などを返品することは禁止されています（**返品の禁止**）。不良品を理由とする返品は許されますが、下請事業者に責任がないにもかかわらず返品をすることはできません。

⑤ 親事業者と下請事業者との間で下請代金を決定する際に、類似する契約と比べて著しく低い額を下請代金として決定することは禁止されています（**買いたたきの禁止**）。

⑥ 親事業者は、正当な理由がある場合を除き、親事業者が指定する製品などを下請事業者に購入させたり、下請事業者にサービス（役務）を利用させて対価を支払うようにすることを強制することはできません（**購入・利用強制の禁止**）。

⑦ 親事業者が不当に下請代金の支払いを遅延したり、下請代金の減

額を行い、その事実を下請事業者が公正取引委員会や中小企業庁に報告した場合に、親事業者が下請事業者に報復としてその下請事業者との取引を停止したり、取引数量を削減するなどの不利益な取扱いをすることは禁止されています（**報復措置の禁止**）。

⑧　親事業者は、下請業者に責任がないにもかかわらず、自己から購入させた原材料や部品などの対価を、その原材料や部品などを用いた給付に対する下請代金の支払期日より早い時期に、相殺したり支払わせたりすることは禁止されています（**早期決済の禁止**）。

⑨　親事業者が下請事業者に下請代金を支払う際に、金融機関での割引が困難な手形を用いて支払いをすることは禁止されています（**割引困難な手形交付の禁止**）。

⑩　親事業者が下請事業者に対して、金銭や役務など経済的な利益を不当に提供させることは禁止されています（**不当な経済上の利益提供要請の禁止**）。

⑪　親事業者が、下請事業者に責任がないにもかかわらず、親事業者自ら費用を負担することなく、下請事業者の給付の内容を変更させたり、製品などの受領後に下請事業者に給付のやり直しをさせることは禁止されています（**不当な変更・やり直しの禁止**）。

■ 親事業者の禁止行為

禁止行為	
①受領を拒否する行為 ②下請代金の支払を遅延すること ③下請代金を減額すること ④返品すること ⑤買いたたきをすること ⑥物の購入やサービスの利用の強制	⑦報復措置をすること ⑧有償支給原材料等の対価を早期決済すること ⑨割引困難な手形を交付すること ⑩不当な経済上の利益の提供の要請 ⑪不当なやり直しなどをさせること

5 受領拒否について知っておこう

所定の期日に受け取る必要がある

受領拒否とは

下請事業者に責任がないにもかかわらず、親事業者が下請事業者からの給付を拒むことを**受領拒否**といいます。

受領とは、親事業者が製品などの検査をするかどうかにかかわらず、下請事業者が給付した物を受け取ることをいいます。

下請事業者は、親事業者から規格やデザインなどを指定されて製品の製造をしています。下請事業者が製品の給付をした際に親事業者に受領を拒まれてしまうと、その製品を他の企業に転売することができないので、下請事業者は不良在庫を抱えることになります。また、親事業者の倉庫が満杯でこれ以上商品が保管できないというような場合にも、親事業者による受領拒否が行われます。しかし、このような受領拒否は、親事業者の都合を一方的に下請事業者に押し付けるもので、下請事業者は不当な不利益を被ることになります。そのため、親事業者による受領拒否は、下請法によって禁止されています。

製品や情報成果物の受領について

親事業者が下請事業者に製品の製造を委託した場合であれば、下請事業者から完成した製品を受け取ることが受領になります。これに対して、情報成果物の作成を委託した場合には、情報を記録した媒体を親事業者が受け取ったり、情報自体を親事業者が受け取ることで、受領が行われます。たとえば、情報を書き込んだUSBメモリーを親事業者が受け取ったり、インターネットを経由して情報が親事業者のもとに届くことで、情報成果物の受領が行われます。

「責に帰すべき理由」について

親事業者が下請事業者からの給付の受領を拒否することは禁止されていますが、下請事業者に「責めに帰すべき理由」（落ち度）があれば、受領を拒否することが許されます。このときは、下請事業者に対し、民法に基づいて製品の修理や損害賠償を請求することも可能です。

たとえば、下請事業者が事前に親事業者との間で合意していた規格とは異なる製品を製作したり、製品に欠陥がある場合には、下請事業者に落ち度があるので、親事業者は給付の受領を拒むことができます。しかし、下請事業者に「責めに帰すべき理由」があるかどうかの判断は厳格に行われるので、裁判所は、簡単には下請事業者に「責めに帰すべき理由」があるとの認定を行いません。たとえば、契約書や３条書面などの中に明確に記載されていない事柄について親事業者と下請事業者との間で争いになった場合には、親事業者による勝手な解釈を根拠にして受領を拒否することはできません。

無理に短縮した納期の設定

親事業者が下請事業者に強要して、無理に短縮した納期を設定した場合には、納期に製品などを完成することができなかったとしても、親事業者は、納期に遅れて提供された製品などの受領を拒否することはできません。

■ 製品の受領を拒むことができる場合

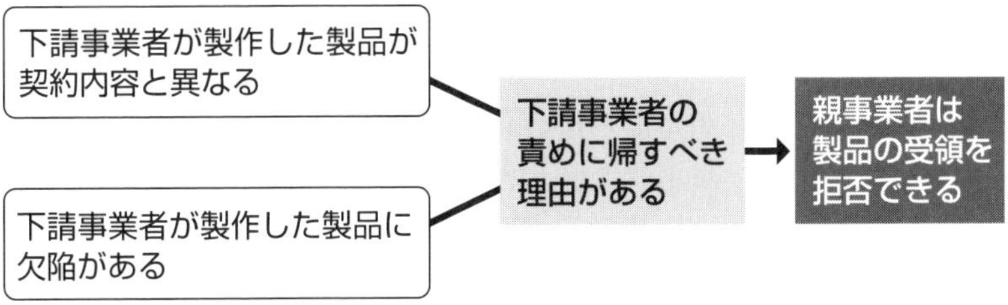

納期については、原則としては親事業者と下請事業者の合意によって自由に決めることができます。しかし、立場が弱い下請事業者は、親事業者の強硬な主張があった場合には、製品などの完成が困難であっても親事業者が指定する納期で仕事を受けざるを得ません。親事業者が無理に短縮した納期を設定したために、下請事業者が納期に遅れて製品などを完成させたとしても、下請事業者に「責めに帰すべき理由」がないので、親事業者は下請事業者からの製品などの受領を拒むことはできません。

期日前の受領を親事業者は強制されない

下請事業者は、特に期日前に製品が完成した場合には、自社の倉庫を空けておきたいといった理由から、親事業者に対して期日前に製品を受領するよう要請することがあります。下請事業者としては、親事業者に期日前に受領してもらうことで、倉庫内の物品などを減らし、スムーズに事業活動ができるようになります。

しかし、このような下請事業者の要請に対して、親事業者が応じる義務はありません。親事業者の倉庫が満杯の場合には、下請事業者から納入された製品を倉庫で保管することができず、親事業者が不利益を被ってしまいます。事前に設定した納入期日前であれば、親事業者は製品を受領しなくても下請法に違反しません。もっとも、下請事業者から、期日前に受領することを要請された場合に、親事業者が任意に下請事業者からの製品の給付を受領することはできます。

ただし、親事業者は、下請事業者から製品を受領する場合には、下請代金の支払期日に注意する必要があります。下請代金は、下請事業者から製品などを受領した日から起算して60日以内に支払う必要があります。そのため、事前に設定した納入期日より早く製品を受領することで、事前に設定した支払期日が製品受領の日から起算して60日を超えてしまう場合には、下請代金の支払期日が早まることになります。

このような場合に、下請代金の支払期日を事前に設定した日から変更したくない場合には、仮受領という方法を用いることができます。親事業者は仮受領ということで製品を受け取り、当初設定した納期まで製品を保管し、当初の納入期日に正式に製品を受領します。こうすれば、下請代金の支払期日を早める必要がなくなります。

発注の取消しが受領拒否にあたることもある

下請事業者に「責に帰すべき事由」（落ち度）がないのに、親事業者が発注を取り消して、発注時に定められた納期に下請事業者の給付の全部または一部を受け取らないことは、下請法によって禁止されている受領拒否に該当します。そのため、下請事業者に落ち度がなければ、親事業者は発注を取り消して、納期に下請事業者から給付された製品等の受領を拒むことはできません。

たとえば、B社（親事業者）がA社（下請事業者）に製造を発注した部品について、発注書記載の契約内容をA社の落ち度がないのに取り消すことは、後述する不当な給付内容の変更（59ページ）に該当します。そして、その部品をA社が納入した場合に、B社がA社の落ち度がないのに受領を拒むことが受領拒否に該当します。

■ 支払期日前の製品などの受領

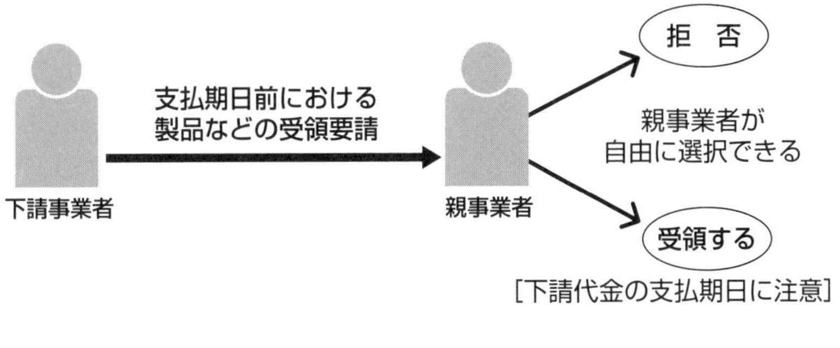

6 支払遅延について知っておこう

支払遅延が生じたときは遅延利息を支払う必要がある

どんな場合が考えられるのか

親事業者が、下請事業者の都合を考えずに、下請代金の支払いを怠るケースが多々あります。下請事業者は、製品を親事業者に納入したら、早く下請代金を支払ってほしいと考えます。しかし、親事業者が下請代金の支払いを遅延したとしても、立場の弱い下請事業者は親事業者の支払の遅延を認めるしかありません。このように下請事業者が不利益を被ることを防ぐために、**親事業者による支払遅延**が禁止されています。

支払遅延の禁止とは

親事業者は、下請事業者から製品などを受領した日から起算して60日以内に定める支払期日に下請代金を支払う必要があります。

支払期日までに親事業者が下請事業者に代金を支払わなければ、下請事業者は資金繰りに窮してしまいます。そのため、親事業者による支払遅延は禁止されています。

支払期日は60日以内とする

下請代金の支払期日は、親事業者が下請事業者から製品などを受領した日から起算して60日以内とする必要があります。

本来であれば、代金の支払期日は親事業者と下請事業者の合意によって自由に決めることができます。しかし、下請代金の支払期日を相当に遠い未来の日とするという親事業者の意向があった場合、立場の弱い下請事業者は、親事業者の意向を無視することはできません。

もし、遠い将来の日が下請代金の支払期日であるとされてしまうと、下請事業者の資金繰りに支障が出てしまう可能性があります。

そのため、下請代金の支払期日は、親事業者は下請事業者から製品などを受領した日から60日以内に設定する必要があります。もし親事業者と下請事業者との間で、製品などを受領した日から起算して60日を経過した以降の日を支払期日とするという合意がなされたとしても、支払期日は親事業者が製品などを受領した日から起算して60日目になります。

60日以内に支払われない場合には

親事業者が、下請事業者から製品などを受領した日から起算して60日以内に下請代金を支払わなければ、60日を経過した日から年14.6%の遅延利息が付されます。

年14.6%の遅延利息がつく日と支払期日は別になります。たとえば、親事業者が下請事業者から製品などを受領した日から起算して40日目を下請代金の支払期日としたが、親事業者が下請代金の支払いを怠っている場合には、親事業者が下請事業者から製品などを受け取って40日を経過した時点で支払期日が過ぎるので支払遅延となり、60日を経過した時点で年14.6%の遅延利息が付されます。41日目から60日目の間は法定利率によって遅延利息が付されるのが原則です（33ページ）。

■ 支払遅延についての規制

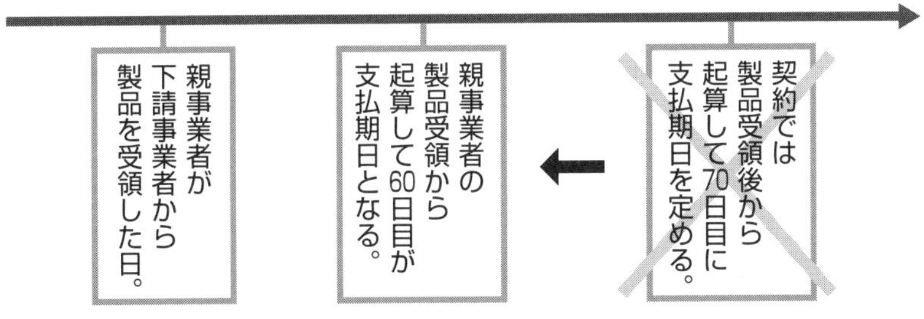

7 下請代金の減額は認められるのか

下請事業者の同意があっても減額してはいけない

どんな場合を想定しているのか

親事業者が発注時に合意した下請代金を減額することは、たとえ下請事業者の同意があったとしても禁止されています。

発注時には必要だった製品が、時間の経過とともに不要になってしまうというケースがあります。しかし、親事業者の都合によって下請代金が減額されてしまうと、下請事業者は不利益を被ってしまいます。下請代金の減額に応じたくない場合であっても、下請事業者は親事業者と比べて弱い地位にあるので、親事業者からの要求を受け入れざるを得ません。そのため、下請法では親事業者が発注時に合意した下請代金の額を減額することが、原則として禁止されています。

下請事業者の責に帰すべき場合とは

親事業者は、「下請事業者の責に帰すべき理由」がある場合には、下請代金を減額することができるという例外があります。

たとえば、下請事業者が製作した製品に欠陥があったり、決められた期日に製品が納入されなかった場合（納期遅れ）などは、下請事業者に「責に帰すべき事由」が認められ、親事業者は下請代金を減額することができます。このような場合には、下請事業者に落ち度があるのですから、下請代金を減額できずに親事業者が損害を被ってしまうのは不当だといえるからです。しかし、納期遅れであっても、親事業者からの原材料や部品などの支給の遅れや、親事業者による無理な納期指定が原因であるときは、下請事業者の「責に帰すべき事由」にあたらないので、下請代金の減額は許されません。

代金額を減ずるとは

「代金額を減ずる」とは、当初契約していた下請代金の支払額を減少させることになるすべての親事業者の行為をいいます。

たとえば、下請事業者との合意がない状態で、下請事業者の口座に下請代金を支払う際に、振込手数料を差し引くことは下請代金の減額になります。また、消費税分を下請代金から差し引くことも、下請代金の減額になります。

さらに、下請代金の支払総額を変更しない場合でも、下請業者に製作させる製品の数量を増加させることも下請代金の減額になります。下請代金を減額しない場合であっても、下請事業者が製作する数量が増加すれば、下請事業者の負担は増加するため、実質的に見れば下請代金の支払額が減少することになるからです。

下請事業者の同意がある場合には減額ができるのか

下請事業者の同意があったとしても、下請法上、下請代金の減額は許されません。下請代金を減額することができるのは、前述した「下請事業者の責に帰すべき理由」がある場合だけです。

たとえば、親事業者が下請事業者に継続的に製品の製造を委託する関係にあり、親事業者と下請事業者との間の取引額が一定金額を超えたら下請事業者は親事業者に協賛金を支払う、という内容の契約を締

■ 下請代金の減額にあたる場合

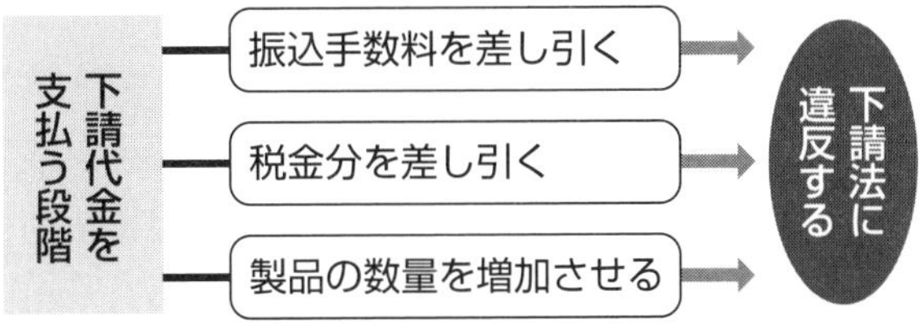

結し、下請代金から協賛金が差し引かれていたとすると、それは下請代金の減額に該当します。下請事業者は協賛金を差し引くことについて同意していますが、下請事業者の同意とは関係なく親事業者による下請代金の減額は許されないことに注意が必要です。

ただし、ボリュームディスカウントなどの合理的な理由に基づく割戻金（下請事業者が親事業者に支払う金銭）は、あらかじめ下請事業者との合意があり、その合意の内容が書面化されており、当該書面における記載と３条書面に記載されている下請代金の額と合わせて実際の下請代金の額とすることが合意されており、かつ、３条書面と割戻金の内容が記載されている書面との関連付けがなされている場合は、下請代金の減額にあたりません。前述の例では、親事業者が大量に製品の製造を委託することで、下請事業者が製品の製造コストを削減できるのであれば、下請事業者との間で合意し、この合意内容を書面化することで、コスト削減分を割戻金とすることが許されます。これにより、親事業者は下請代金から割戻金を相殺した残額を支払うことができるため、この場合は事実上の下請代金の減額が許されるといえます。

下請法に違反する場合の効力

まず、下請事業者の同意を得ず、親事業者が一方的に行った下請代金の減額を行った場合には、下請事業者は減額された分の下請代金を親事業者に対して請求することができます。親事業者が製品を受領した日から起算して60日を超えている場合には、下請事業者は年14.6％の遅延利息も請求できます。

一方、親事業者と下請事業者が合意をして下請代金を減額した場合、民法上は、下請代金の減額幅があまりに大きく、公序良俗に反する場合に限り、その合意が無効となって下請事業者の親事業者に対する減額分の支払請求が可能になると考えられます。しかし、前述したように、下請事業者の帰責事由がある場合を除き、合意による下請代金の減額も下請法違反であって（43ページ）、下請事業者の親事業者に対する減額分の支払請求が可能となるとともに、公正取引委員会の勧告の対象となります。よって、親事業者は合意の有無を問わず、下請代金の減額を行うべきではないといえます。

たとえばどんな場合があるのか

下請代金の減額に該当するとして、下請法によって禁止される事例について紹介します。たとえば、下請事業者の要請によって、手形ではなく現金での支払いに移行した場合に、手形期間の金利相当分を超える金額を差し引くことは、下請法によって禁止される下請代金の減額に該当します。

下請事業者に発注するにあたり、親事業者が子会社を介して下請業者に発注を行い、子会社を介していることの手数料を下請金額から差し引くことは、下請法によって禁止される下請代金の減額に該当します。親事業者が自社の利益を確保する必要性があることを理由として、下請事業者に支払う下請金額を減少させることは、下請法によって禁止されています。

この他にも、下請代金の減額が下請法に違反するケースにはさまざまなものがあります。

■ 違反する場合の効力

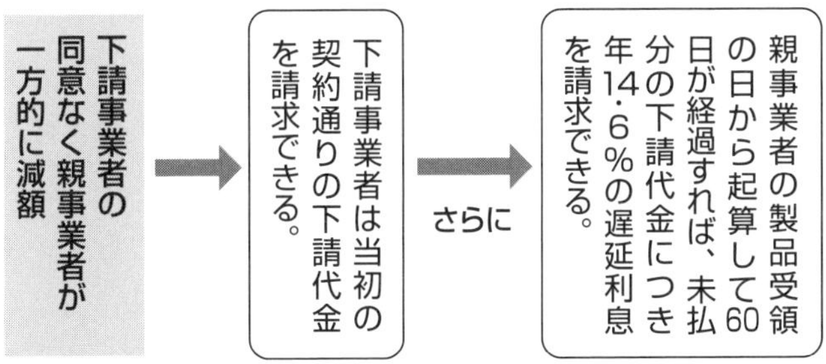

8 返品の禁止について知っておこう

受領拒否とは異なっている

どんな場合を想定しているのか

親事業者が、下請事業者から製品などの給付を受けた後に、下請事業者の責めに帰すべき理由（落ち度）がないにもかかわらず、その製品などを返品することは禁止されています。

親事業者が下請事業者に委託して製作させた製品を、下請事業者が他の会社に転売することは難しいといえます。親事業者から下請事業者に返品が行われると、下請事業者は下請代金を手に入れることができず、製品の転売もできないために、大きな不利益を被ることになります。そのため、親事業者による下請事業者への製品などの返品は、下請事業者に落ち度がある場合を除いて禁止されています。

返品が認められる場合とは

親事業者による下請事業者への返品が認められるのは、「下請事業者の責に帰すべき理由」がある場合のみです。

「下請事業者の責に帰すべき理由」がある場合とは、下請事業者の給付の内容が当初の契約書の中で明記された委託内容と異なる場合や、下請事業者が給付した製品などに欠陥がある場合をいいます。このような事情があれば、下請事業者は当初の契約通りの履行をせず不良品を製造したことになり、下請事業者に契約上の責任を負わせるために返品をすることができます。

下請事業者の責めに帰すべき理由がないにもかかわらず、親事業者が返品を行い、親事業者に未払いの下請代金がある場合には、下請事業者は未払いの下請代金を請求することができます。

受領拒否の禁止とはどう違う

返品の禁止は受領拒否の禁止は異なります。**受領拒否の禁止**とは、下請事業者から製品などの給付があった場合に、親事業者が給付を受け取らないことを禁止することです。これに対して、**返品の禁止**とは、親事業者が下請事業者から製品などの給付を受けた後に、その製品などの下請事業者への返品を禁止することをいいます。

下請事業者の責任で納品が遅れれば、納期に遅れたという下請事業者の責めに帰すべき事由を理由として、下請事業者からの製品などの受領を拒絶することは可能です（親事業者による無理な納期指定があった場合を除く）。しかし、下請事業者の責任で納期に遅れていたとしても、親事業者が下請事業者からの給付を受け取れば、親事業者は下請事業者の給付が納期に遅れていた事実を許すことになります。その後に納期に遅れたことを理由として、製品などを下請事業者に返品することはできません。

返品は認められない場合も多い

「下請事業者の責に帰すべき理由」があれば親事業者による返品は

■ 返品の禁止と受領拒否の禁止との違い

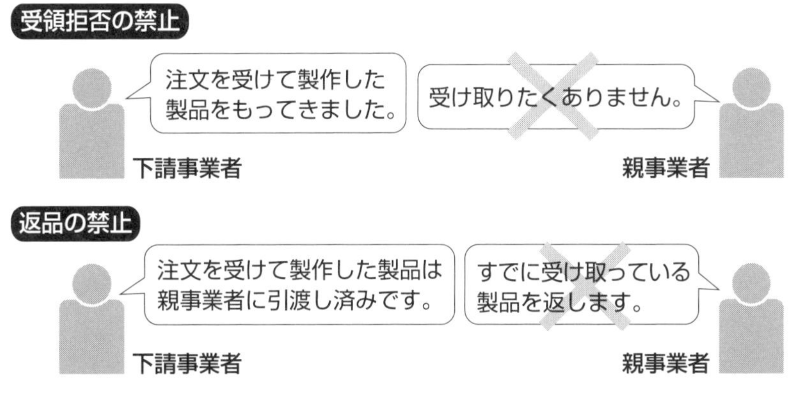

可能です。しかし、だからといって親事業者による返品が容易に認められるというわけではありません。

まず、当初の委託内容が明確でなく、下請事業者の製作した製品などが委託内容に反するものであるかどうかの判断が難しい場合には、返品はできません。

また、親事業者が恣意的に下請事業者の製作した製品の検査基準を厳しくして、欠陥があるまたは委託内容と異なるとして、下請事業者に落ち度があるとみなし、その製品を返品することはできません。親事業者による検査基準を恣意的に厳しくすることを認めてしまうと、結果的に親事業者による自由な返品を許すことになるからです。

受領後6か月以内なら返品可能なのか

親事業者が下請事業者から製品を受け取る際には検査を行います。この検査で不適合（欠陥や数量不足など）を発見して不合格とした製品は、直ちに下請事業者へ返品する必要があります。検査によって製品の不適合を発見し、すぐに返品することが可能であれば、直ちに返品しないと、後から不適合を理由とする返品はできなくなります。

これに対し、検査を下請事業者に文書によって明確に委託しており、下請事業者の検査に明らかなミスがある場合も、親事業者が製品を受け取ってから6か月以内であれば返品が可能です。

また、親事業者が検査している場合であっても、検査を下請事業者に文書によって明確に委託している場合で、製品について直ちに発見することが難しい不適合があり、その不適合が後に発見された場合には、親事業者が下請事業者から製品を受領してから6か月以内であれば返品が可能です。

しかし、検査を下請事業者に文書で委任していない場合は、製品の不適合を理由とする6か月以内の返品は認められません。

9 買いたたきについて知っておこう

不当に下請代金を低く抑えてはいけない

買いたたきとは

買いたたきとは、親事業者が下請事業者に対して、通常の対価と比べて著しく低い価格で発注することをいいます。たとえば、原材料の価格が高騰したため、下請事業者が単価引上げを求めたにもかかわらず、一方的に単価を据え置くことは買いたたきに該当します。

買いたたきの禁止は、親事業者が下請事業者よりも立場が強いことを利用して、不当に低い下請代金で下請事業者に発注することを防ぐための規定です。これに対して、下請代金の減額の禁止（42ページ）は、いったん決まった下請代金の減額を禁ずることです。つまり、買いたたきは委託契約を締結する段階での問題、下請代金の減額は委託契約を締結した後の問題という点で、両者の禁止は異なります。

どのような基準で判断されるのか

買いたたきに該当するかどうかは、下請事業者に「通常支払われる対価」と比べて、親事業者が「著しく低い下請代金の額を不当に定めているかどうか」で判断します。

下請事業者に「通常支払われる対価」とは、同種または類似の取引をする場合の一般的な取引価格のことをいいます。下請事業者が活動している取引地域や業種から、通常どれくらいの価格で取引が行われているかを判断します。

親事業者が「著しく低い下請代金の額を不当に定めているかどうか」は、通常の対価とどれくらい差があるか、原材料の価格、親事業者と下請事業者が価格について十分な協議を行ったかといった事情を考慮して判断します。特に、親事業者と下請事業者が十分な協議を行っていたかどうかという点は重要です。下請事業者は親事業者の意向に反しにくいという立場にいるので、下請事業者の申し出がなくても、下請事業者との協議の場を設けることは必要です。

下請代金が著しく低い場合は

買いたたきを行うと、公正取引委員会から勧告が行われます。また、下請代金が低いために当初の契約の通りに下請業者が契約を履行することが難しい場合には、信義則を根拠とする契約の解除が認められるケースもでてきます。親事業者としては、下請事業者と十分な協議を行い、下請事業者に不当な不利益を与えない価格設定をする必要があるといえます。

履行しない場合には債務不履行となるのか

買いたたきにあった場合に、下請事業者が契約通りに製品の製造をしなければ債務不履行になるのでしょうか。

まず、親事業者から下請代金を著しく安くするよう求められたとしても、個別の契約を締結していなければ、製品の製造などを行う必要はありません。契約を締結していない以上、下請事業者は何の債務も負っていないので、債務不履行にはなりません。しかし、個別の契約を締結した場合には、その契約の締結に際して親事業者による買いたたきがあったとしても、契約通りに履行しなければ債務不履行責任を問われる可能性があります。買いたたきに対しては弁護士や中小企業庁に相談して対策を練ることが必要です。

10 購入・役務の利用強制について知っておこう

無理やり購入や利用をさせてはいけない

どんな場合なのか

親事業者が下請事業者に対して、正当な理由がないのに、親事業者の指定する商品を購入させ、または役務を提供させることは下請法によって禁止されています。

親事業者は、下請事業者と比較して強い立場にあります。親事業者が商品の購入や役務の提供を下請事業者に強要すれば、下請事業者は親事業者に指定された商品を購入し、または役務の提供を受けざるを得ません。しかし、下請事業者からすれば、不要な商品の購入や役務の提供を余儀なくされたことになるので、無用な出費となってしまいます。

そのため、親事業者が下請事業者に、自己の指定する商品を購入させ、または役務を提供させることは、原則として禁止されています。

自己の指定する物や役務とは

「自己（親事業者）の指定する物」は親事業者や親事業者の子会社が販売している物はもちろん、第三者が販売している物であっても親事業者が指定する物はすべて含まれます。物の種類も、動産・不動産を問わず、親事業者が指定した物であれば「自己の指定する物」にあたります。

「自己（親事業者）の指定する役務」も同じように考えます。親事業者だけではなく、第三者が提供しているサービスであっても、親事業者が指定したサービスであれば「自己の指定する役務」にあたります。役務の内容も限定がなく、他人のために行うサービスなど一切のものが含まれています。

たとえば、親事業者が、取引価格への消費税率引上げ分の上乗せを受け入れる代わりとして、下請事業者に対し、①親事業者が指定するパソコンを購入させることは「自己の指定する物」の購入強制にあたり、②親事業者が指定するディナーショーのチケットを購入させることは「自己の指定する役務」の購入強制にあたります。

強制して購入・利用させるとは

「強制して」物や役務を購入させるとは、下請事業者の自由な意思に反して物を購入させたり役務の提供を受けさせることをいいます。

たとえば、取引をする条件として物を購入させたり、物を購入しなければ取引を停止すると脅したりすることは「強制して」物を購入させることになります。また、親事業者の立場が強ければ、単に親事業者が下請事業者に物の購入を要求するだけでも、強制して物を購入させることになる場合もあります。

なお、正当な理由があれば、下請事業者に物を購入させ、または役務の提供を受けさせることは許されます。たとえば、製品の品質を維持するために、親事業者が下請事業者に特定の原材料を購入させる場合などが、正当な理由があるときに該当します。

■ 購入・役務の利用強制のイメージ

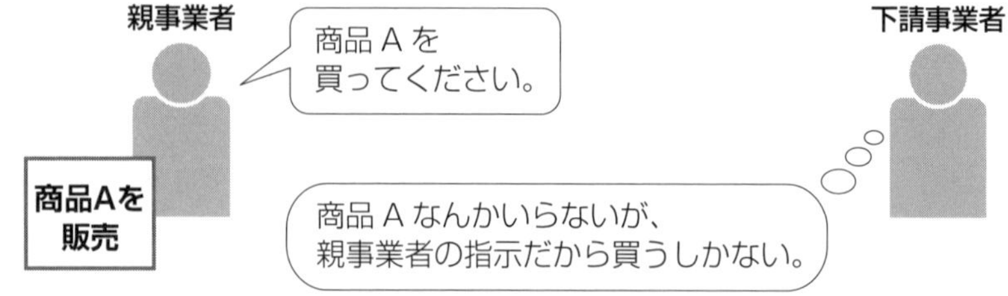

11 報復措置の禁止について知っておこう

通報されて報復してはいけない

報復措置とは

報復措置とは、親事業者が支払遅延や下請代金の減額など下請法上禁止されている行為を行い、そのことを下請事業者が公正取引委員会や中小企業庁に報告したことを理由に、親事業者が下請事業者に対して、取引数量の制限や取引停止などの不利益を与えることです。このような親事業者による下請事業者に対する報復措置は、下請法によって禁止されています。

下請法が禁止している報復措置は、親事業者が下請法に違反する行為を行い、それを下請事業者が公正取引委員会や中小企業庁に報告したことに対して、親事業者によって行われる仕返し行為です。

そのため、単に親事業者が下請事業者に対して不利益を与える行為は、下請法が禁止している報復措置には該当しません。

ただし、報復措置に該当しないとしても、親事業者が下請事業者に不利益を与える行為は下請法によって規制されているものが多いので注意が必要です。たとえば、親事業者が注文した物品などの受領を拒むことは受領拒否として（36ページ）、親事業者が下請代金を60日以内の定められた支払期日までに支払わなかった場合には支払遅延として（40ページ）、親事業者が契約締結後にあらかじめ定めた下請代金を減らすことは下請代金の減額として（42ページ）、それぞれ下請法によって禁止されています。

報復措置に該当しない場合にも、親事業者の行為が他の下請法の規定に違反していないかを検討することが必要です。

12 有償支給原材料等の対価の早期決済の禁止について知っておこう

下請事業者の資金繰りを苦しめてはいけない

早期決済はなぜ禁止されるのか

製品の製造の際に、下請事業者が親事業者に対価を支払って入手する原材料などを**有償支給原材料等**といいます。親事業者が下請事業者に有償で製品の原材料などを支給し、それをもとに下請事業者が製品を製造する場合に、下請事業者の責めに帰すべき事由がないのに、下請代金の支払期日前に、下請事業者に原材料などの代金を支払わせることは禁止されています。早期に原材料などの支払いを強要されると、下請事業者は支払いのために資金を融通しなければならず、その結果として資金繰りが苦しくなる場合があるからです。そのため、下請代金の支払期日前に、親事業者が原材料費などの支払いを下請事業者に請求することは、原則として禁止されています。

どのような行為が禁止されるのか

通常は、下請事業者から親事業者への原材料費の支払い・精算については、親事業者から下請事業者に対して支払われる下請代金との相殺により行われます。そこで、有償支給原材料等の対価の早期決済の禁止との関係で、原材料費と下請代金との相殺が規制されるパターンについて説明します。

たとえば、4月1日に親事業者と下請事業者が製品の製造委託契約を締結し（契約Aとします）、契約Aに基づき、親事業者が原材料を下請事業者に販売し、下請代金の支払期日は6月1日に設定したとします。その後、5月1日に親事業者と下請事業者の間で別の製品の製造委託契約を締結し（契約Bとします）、契約Bに基づき、親事業者が下請事業者に原材料を販売し、下請代金の支払期日は７月１日に設定したとします。
このとき、契約Ｂに基づいて親事業者が支払う原材料費を、契約Ａに基づいて下請事業者が６月１日に支払う下請代金から差し引くことはできません。契約Ｂの下請代金の支払期日（７月１日）が到来していないからです。これに対し、契約Ａに基づいて親事業者が支払う原材料費を、契約Ａに基づいて下請事業者が６月１日に支払う下請代金から差し引くことは許されます。契約Ａの下請代金の支払期日（６月１日）が到来しているからです。

下請事業者の責に帰すべき理由があれば別

下請事業者の責めに帰すべき理由があれば、下請代金の支払期日前であっても、原材料費を下請事業者に支払う金銭の中から差し引くなどして、早期決済をすることができます。
たとえば、下請事業者が、親事業者から支給された原材料を傷つけたり損失したために納入すべき物品の製造が不可能となった場合や、不良品を製造した場合には、下請事業者の責めに帰すべき理由があることになります。このような下請事業者の行為がなされると、取引の中での下請事業者に対する信頼が失われることになるので、下請事業者の資金繰りを考慮する必要性がなくなります。

■ 有償支給原材料等の対価の早期決済の禁止のイメージ ………

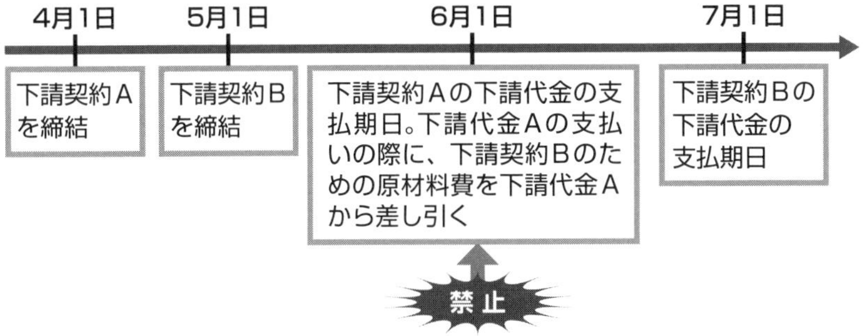

13 割引困難な手形の交付の禁止について知っておこう

手形での支払いには注意をする必要がある

割引困難な手形を交付することはなぜ禁止されているのか

下請代金の支払いにつき、一般の金融機関による割引（手数料を差し引いた金額で換金すること）が困難な手形を交付して、下請事業者の利益を不当に害することは下請法によって禁止されています。親事業者が、割引が困難な手形を用いて下請代金の支払いをすると、下請事業者が支払期日に金銭を入手できず、下請事業者が不当な不利益を受ける可能性があります。そのため、割引困難な手形による下請代金の支払いは禁止されています。

手形が割引困難かどうかについて、公正取引委員会と中小企業庁は、振出日と支払日の間（サイト）が120日（繊維製品にかかる下請取引においては90日）を超える手形が割引困難な手形に該当するとしています。しかし、振出日と支払日の間が120日以内であれば必ず割引困難な手形にはならないというわけではなく、親事業者や下請事業者の信用力や金融機関との取引関係などの要素を考慮して、割引困難な手形かどうか判断します。なお、将来的にはサイトを60日以内にするよう努力すべきとされています。

また、親事業者が下請事業者に割引困難な手形を交付し、それにより下請事業者の利益が害されたときに、親事業者は下請法による規制を受けます。ただし、親事業者から交付された手形が支払期日までに金融機関により割り引かれなかった場合には、支払遅延となり、「割引困難な手形の交付の禁止」は問題となりません。「割引困難な手形の交付の禁止」は、手形割引をする際に、通常手形所有者が負担する以上の負担をして現金化した場合に問題になります。

14 不当な経済上の利益の提供要請の禁止について知っておこう

下請事業者に対し金銭の提供などをさせてはいけない

不当な経済上の利益の提供要請とは何か

親事業者が下請事業者に対して、販売協力金といった名目で金銭を提供させることは**不当な経済上の利益の提供要請**に該当します。金銭の提供ではないような場合、たとえば、下請事業者の従業員を親事業者のもとで働かせるようなケースなど、役務を提供させることも不当な経済上の利益に提供要請になります。

下請法は、親事業者が自己のために、下請事業者に金銭や役務などの経済上の利益を提供させ、下請事業者の利益を不当に害することを禁止しています。

親事業者が下請代金を減額することは、下請代金の減額の禁止として規制されています（42ページ）。これに対して、不当な経済上の利益の提供要請の禁止とは、親事業者と下請事業者との間で請負契約が締結されているかどうかは関係なく、親事業者が下請事業者に経済上の利益を提供させることを禁止することです。たとえば、親事業者が委託取引先の登録制を採用している場合に、登録をした下請事業者に対し、協定料などと称して現金の提供を要請することが禁止されます。

どんな要件があるのか

親事業者が、自己のために下請事業者から経済上の利益を提供させ、下請事業者の利益を不当に害することが、下請法によって禁止されています。

「自己のために」とは、親事業者に直接利益を提供させる場合はもちろん、親事業者の関連会社に利益を提供させることも含まれます。

「経済上の利益」とは、その種類を問わず、下請代金とは別個の金銭や役務といった経済的利益を伴うすべてのものが含まれます。代表的なものは協賛金の支払いや従業員の派遣です。

「下請事業者の利益を不当に害する」とは、下請事業者にとって利益にならないことをいいます。通常は、下請事業者が親事業者に金銭等を提供しても、下請事業者の利益にはなりません。そのため、下請事業者が親事業者に金銭などを提供すれば、原則として下請事業者の利益を不当に害するものと判断されます。

どんな効果があるのか

不当な経済上の利益の提供要請の禁止に違反した場合には、公正取引委員会が下請事業者の利益を守るための勧告を行います。たとえば、親事業者に対して、下請事業者から提供された金銭などの返還が勧告されます。

また、民法の不当利得の規定に基づき、下請事業者は、親事業者に対して提供した金銭などの返還を求めることができる可能性があります。

■ 不当な経済上の利益の提供要請の禁止の要件と効果 …………

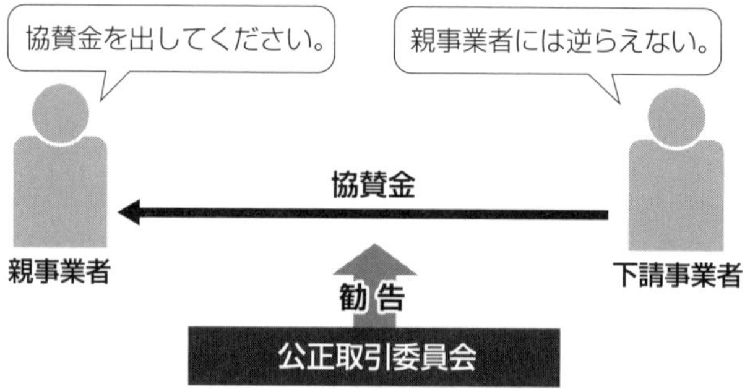

15 不当な給付内容の変更及び不当なやり直しの禁止について知っておこう

やり直しを強要してはいけない

不当な給付内容の変更とは

不当な給付内容の変更とは、親事業者が、当初に下請事業者と取り決めていた仕様を変更させることや、発注の全部または一部を取り消すことをいいます。たとえば、契約当初に決められた製品の発注数を減らして（発注の一部の取消し）下請代金の額を減らすことが、不当な給付内容の変更に該当します。

下請法は、下請事業者に責任がないにもかかわらず、親事業者が自ら費用を負担することなく、下請事業者の給付の内容を変更させることで、下請事業者の利益を不当に害することを禁止しています。契約後に仕様の変更や発注の取消しがなされてしまうと、製品の製造工程を変更するなど、下請事業者は余分な作業を行うことを強いられます。そのため、親事業者による不当な給付内容の変更が禁止されています。

どんな要件があるのか

「給付の内容の変更」とは、親事業者が、当初に下請事業者と取り決めていた仕様を変更し、または発注の全部または一部を取り消して、当初予定していなかった作業を下請事業者に強いることをいいます。

ただし、「下請事業者の責に帰すべき理由」があれば給付の内容の変更が許されます。「下請事業者の責に帰すべき理由」がある場合とは、下請事業者の要請により仕様を変更する場合や、下請事業者の製作した製品が当初の契約内容と異なっていたり、製品に欠陥があったりする場合のことをいいます。

「下請事業者の利益を不当に害する」という事情がなければ、仕様の変更や発注の取消しは許されます。たとえば、仕様変更に伴う費用を親事業者が負担するのであれば、下請事業者は不利益を受けることがないので、給付内容の変更が可能です。

不当なやり直しとは

不当なやり直しとは、親事業者が下請事業者から製品などを受領した後に、当初の請負契約の内容にはない作業を、下請事業者に追加で行わせることをいいます。不当な給付内容の変更は、下請事業者からの給付の受領前の問題であるのに対して、不当なやり直しは、下請事業者からの給付を受領した後の問題になります。親事業者が下請事業者に対して、自ら費用を負担せずにやり直しを命じることは、下請事業者に余分な作業を強いるので、原則として禁止されています。

どんな要件があるのか

「下請事業者の責に帰すべき理由」がある場合や、「下請事業者の利益を不当に害する」という事情がなければ、親事業者がやり直しを命じることが許されるのは、給付内容の変更の場合と同様です。また、「やり直し」とは、前述したように、当初の予定にない作業を下請事業者に行わせることを意味します。

なお、不当な給付内容の変更や不当なやり直しの禁止に違反すると、下請事業者の利益を守るために公正取引委員会から勧告が行われます。具体的には、下請事業者が負担した費用を親事業者が支払うといった勧告が行われます。また、親事業者が当初の契約内容を一方的に変更すると、下請事業者に対して損害賠償責任を負う可能性があります。

16 建設業には下請法の適用がない

独占禁止法と建設業法が適用される

どんな法律が適用されるのか

建設業は、建設工事の完成に対して対価が支払われる請負業です。建設業では、元請・下請といった言葉がよく使われることからもわかるように、1つの仕事について複数の事業者が関わって行う形態が多いといえますが、元請であるか下請であるかは関係なく、建設工事に関わるこれらのすべてが「建設業」に該当することになります。

建設業者が下請を行ったとしても下請法は適用されません。建設業者が下請を行った場合には建設業法と独占禁止法が適用されます。建設業に関する取引は建設業法で細かく規制されているので、建設工事の下請取引については下請法ではなく**建設業法**の適用を受けることになります。建設業者が建設業法に違反する行為を行い、その行為が独占禁止法の不公正な取引方法に該当する場合には、国土交通大臣や都道府県知事は公正取引委員会に対して必要な措置を講じるよう求めることができます。この要求を受けた公正取引委員会は、不公正な取引方法に該当する行為を行っている建設業者に対して、違反行為の差止などを命令します。

下請契約とは

下請契約は、建設業法で「建設工事を他の者から請け負った建設業を営む者と、他の建設業を営む者との間で当該建設工事の全部または一部について締結される請負契約をいう」と定義されています。この定義にある「建設工事を他の者から請け負った建設業を営む者」を元請負人、「他の建設業を営む者」を**下請負人**といいます。

最初に発注者から工事を請け負った者が、元請負人として発注者と交わす契約を請負契約といいます。その後、元請負人が発注者として、一部の工事を下請に出す場合に、一次下請負人とする請負契約を下請契約といいます。

また、一次下請負人が元請負人として二次下請負人と交わす契約も同様です。つまり、下請契約とは建設業を営む者同士の請負契約のことです。また、元請負人として、下請契約を締結するには、元請負人は建築業法の許可を受けなければなりません。

下請や一人親方を使うときの注意点

下請契約をする場合は、請け負った工事のすべてを下請にさせること（丸投げ）は禁止されています（ただし、公共工事および共同住宅を新築する建設工事を除き、発注者が書面で承諾した場合は、一括して下請に出すことが可能です）。また、工事金額についても注意が必要です。１件の請負代金が500万円以上の建築一式工事以外の工事（建築一式工事については１件の請負代金が1500万円未満の工事または延べ面積150㎡未満の木造住宅工事）を行う場合、建設業法上の許可がなければ工事を請け負うことができないため、許可を持っていない一人親方に発注することが難しいケースも生じます。

建設業法に違反するとどうなるのか

建設業者が、建設業法及び他の法令に違反する行為等の不正行為を行った場合、監督官庁により建設業法上の監督処分が行われます。**監督処分**とは、不適正な者の是正を行い、または不適格者を建設業者から排除することを目的として、行政上直接に法の遵守を図る行政処分です。間接的に法律の遵守を図る罰則とは違います。建設業者に対する建設業法上の監督処分には、①指示処分、②営業停止処分、③許可の取消処分の３種類があります。

指示処分とは、監督官庁が建設業者に不正行為を是正するためにしなければならないことを命ずるものです。指示処分に従わないと**営業停止処分**になります。**営業停止期間**は１年以内で監督官庁が決定します。不正行為が故意または重過失による場合には、指示処分を経ずに、直ちに営業停止処分が行われることがあります。営業停止処分に従わない場合は、建設業の許可取消の処分になります。不正行為に関する建設業者の情状が特に重いと判断された場合は、指示処分や営業停止処分を経ずに、直ちに許可の取消処分が行われることがあります。

なお、建設業者への営業停止処分とあわせて、その役員（取締役など）および相当の責任の有する使用人（従業員）に対し、営業停止期間と同一の期間について営業禁止処分が行われます。

指名停止措置や公正取引委員会の処分

指名停止措置とは、発注者が、競争入札参加資格登録をしている業者に対し、契約の相手方として不適当であると判断した場合、一定期間、競争入札に参加させない措置です。不適当な相手であるかどうかは、発注者が独自に要領や運用基準を定めて、それに従って判断しています。建設業法違反もそこに含まれる場合があります。

また、①不当に低い請負代金の禁止、②不当な使用資材等の購入強制の禁止、③下請代金の支払、④検査及び引渡し、⑤特定建設業者の手形による下請代金の支払、⑥特定建設業者の下請代金の支払期日、に関する建設業法の規定に違反する場合、建設業者は、独占禁止法上の措置を受けることがあります。

下請取引に関する不公正な取引方法の認定基準がある

公正取引委員会は、建設業の元請負人の行為が不公正な取引方法であると認定するための基準を規定しています。次の①～⑩に該当する元請負人の行為は不公正な取引方法になるとされています。

① 下請負人が工事を完了してから正当な理由なしに20日以内に検査を完了しないこと。

② ①の検査によつて建設工事の完成を確認した後、下請負人の申し出があったのに、正当な理由なしに直ちに当該建設工事の目的物の引渡しを受けないこと。

③ 注文者から請負代金の支払いを受けたときに、正当な理由なしに注文者から支払を受けた日から起算して１か月以内に、下請負人に下請代金を支払わないこと。

④ 特定建設業者（規模の大きな工事を下請負人に発注できる建設業者）が注文者となった下請契約における下請代金を、②の目的物の引渡しの申し出の日から50日以内に支払わないこと。

⑤ 特定建設業者が注文者となった下請契約に係る下請代金の支払につき、②の目的物の引渡しの申し出の日から起算して50日以内に、一般の金融機関による割引を受けることが困難な手形を交付し、下請負人の利益を不当に害すること。

⑥ 自己の取引上の地位を利用して、通常必要と認められる原価に満たない金額を請負代金の額とする下請契約を締結すること。

⑦ 下請契約の締結後、正当な理由がないにもかかわらず、下請代金の額を減額すること。

⑧ 下請契約の締結後、自己の取引上の地位を不当に利用して、建設工事に使用する資材や機械器具またはそれらの購入先を指定し、これを下請負人に購入させ、下請負人の利益を害すること。

⑨ 建設工事に必要な資材を購入させた場合に、正当な理由もないのに下請代金の支払期日より早い時期に当該資材の対価を支払わせ、下請負人の利益を不当に害すること。

⑩ 元請負人が①から⑨までに掲げる行為をした場合に、下請負人がその事実を公正取引委員会などに知らせたことを理由として、下請負人に対し不利益な取扱いをすること。

17 一括下請負の禁止について知っておこう

発注者の信頼を裏切り、業界の健全な発展を阻害する

一括下請負の禁止とは

建設業法では、請け負った建設工事を、いかなる方法をもってするかを問わず、一括して他人に請け負わせてはならないと規定されています。**一括下請負**が行われると、発注者の受注者への信用を意味のないものにするおそれが生じるからです。建設工事の発注者が受注者となる建設業者を選定する場合は、さまざまな角度から当該建設業者を評価します。それにもかかわらず、受注した建設工事を一括して他人（下請業者）に請け負わせると、発注者の評価が意味のないものになってしまい、発注者は何を信用してよいのかがわからなくなるということです。

一括下請負に該当するのは、①請け負った建設工事の全部またはその主たる部分を、一括して他の業者に請け負わせる場合、または、②請け負った建設工事の一部分であって、他の部分から独立してその機能を発揮する工作物の工事を、一括して他の業者に請け負わせる場合です。ただし、これらの場合に該当しても、元請負人がその下請工事の施工に「実質的に関与」していると認められるときは、一括下請負に該当しないとされています。

「実質的に関与」とはどんな場合か

一般的に、元請負人が自ら施工計画の作成、工程管理、品質管理、安全管理、技術的指導などを行っていれば、下請工事の施工に「実質的に関与」しているものと認められ、一括下請負の禁止に違反しないと判断されます。しかし、単に現場に技術者（現場に置くことが義務づけられている建設工事の施行上の管理をつかさどる監理技術者または主任技術者）を置いているだけでは、「実質的に関与」しているとはいえません。また、現場に元請負人との間に直接的かつ恒常的な雇用関係を有する適格な技術者を置かない場合も、「実質的に関与」しているとはいえないことに注意を要します。

一括下請負の禁止にも例外がある

一括下請負は禁止されていますが、一括下請負が許されている場合もあります。「公共工事の入札及び契約の適正化の促進に関する法律」の適用対象となる公共工事は例外なく禁止ですが、民間工事については許されている場合があります。

具体的には、一括下請負を行う前に、発注者から書面による承諾を得た場合です（その場合でも、共同住宅の新築工事については禁止です）。元請人は発注者から承諾を得ていれば一括下請負ができます。

この場合の発注者とは、建設工事の最初の注文者です。下請負人が請け負った工事について一括して再下請負で行う場合も、発注者の書面による承諾を受けなければなりません。

■ 一括下請負の禁止

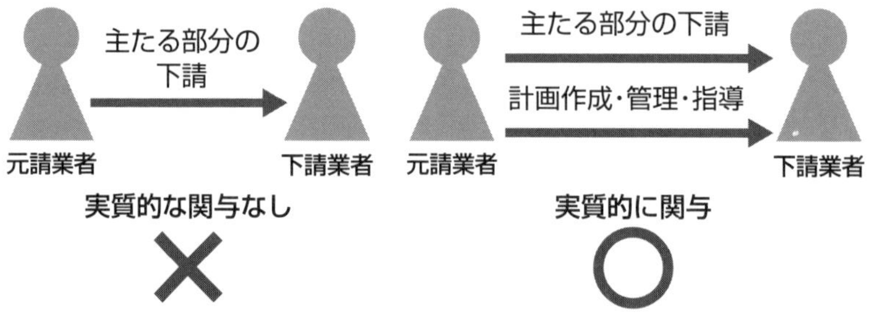

18 ガイドラインにはどのようなことが規定されているのか

請負代金を不当に低くしてはいけない

ガイドラインには11項目の規定がある

建設業法令遵守ガイドラインには、11項目が規定されています。規定されている内容について見ていきましょう。

① 見積条件の提示

建設工事の元請負人は、下請負人に見積りを依頼する場合には、工事の内容や契約条件を具体的に示さなければならないことが建設業法で規定されています。適正な下請負金の額を決定するためには、下請負人が十分な見積りをする必要があるためです。元請負人が下請負人に工事の内容を明確に示さないと、元請負人は建設業法違反となってしまう可能性があります。

元請負人が下請負人に見積りを依頼する場合には、工事の名称、施工場所、設計図書、下請工事の責任施工範囲、下請工事の工程、施工環境などの事項を、工事の内容として下請負人に提示する必要があります。また、これらの事項は、口頭ではなく書面を交付することが望ましいとされています。

② 書面による契約締結

建設工事の請負契約を締結する当事者は、契約の内容を記載した書面（建設工事標準下請契約約款またはこれに準拠した契約書）を作成する必要があります。後の紛争発生を防ぐため、契約書面は工事の着工前に作成しなければなりません。なお、書面に代えて電子契約（電子署名等を付した電子ファイル）によることも可能です。

この書面には、工事内容、請負代金の額、工事着工の時期・工事完成の時期、請負代金の支払方法、工事の施工により第三者に損害を与えた場合の賠償金の負担、工事完成後の検査の時期などについて記載する必要があります。また、一定規模以上の解体工事を行う場合には、分別解体の方法や、解体工事に必要な費用についても書面に記載しなければなりません。追加で工事を行う場合にも、その工事の内容を記載した書面を追加工事を行う前に作成しなければなりません。

③　不当に低い請負代金

元請負人は、自らの地位を不当に利用して、建設工事の施工に通常必要な原価に満たない程の金額で、下請負人と請負契約を締結することは、不当に低い請負代金を禁ずる建設業法に違反します。弱い立場にある下請負人は、不当に低い請負金額での請負契約の締結を強要されても、それを拒絶できず不利益を被る可能性があるからです。

「通常必要な原価」とは、当該工事の施工地域において、当該工事を行う際に一般的に必要と認められる直接工事費、間接工事費（現場管理費など）、一般管理費（給料など）を合計した価格を指します。また、「自らの地位を不当に利用」とは、元請負人が下請負人よりも優位な地位にあることを利用することをいいます。たとえば、「元請負人が下請負人に対して、要求を受け入れなければ今後は取引を行わない」などと脅して、低い請負金額での請負契約を締結させることは、自らの地位を不当に利用していることになります。

④　指値発注

指値発注とは、元請負人が下請負人と十分な協議をせず、元請負人が指定する価格で下請負人に対して請負工事を受注するよう強いることです。指値発注は、元請負人の立場が強く、下請負人が元請負人の指定する金額に対して反論できない場合に問題になります。元請負人の指定する金額が、工事に通常必要な原価に満たない場合には、建設業法違反となる可能性があります。また、指値発注をする際に、下請負人に十分な見積期間を与えなければ、この点でも建設業法に違反する可能性があります。

⑤　不当な使用資材等の購入強制

建設工事を行う際に、下請負人が元請負人から、建設工事に必要な資材や機械器具などを購入するケースがあります。下請負人が自発的に元請負人から購入する場合は別として、元請負人が下請負人に対して資材や機械器具などの購入を強制することは、建設業法が禁止する不当な使用資材等の購入強制に該当します。

■ 建設業法令遵守ガイドラインのまとめ

- **① 見積条件の提示**　元請負人は、下請負人に見積もりを依頼する場合には、工事の内容や契約条件を具体的に示さなければならない
- **② 書面による契約締結**　契約当事者が契約の内容を記載した書面を作成
- **③ 不当に低い請負代金**　不当に低い請負代金による請負契約締結の禁止
- **④ 指値発注**　元請負人が下請負人と十分な協議をせず、元請負人が指定する価格で下請負人に対して請負工事を受注するよう強いること
- **⑤ 不当な使用資材等の購入強制**　元請負人が下請負人に対して資材や機械器具などの購入を強制すること
- **⑥ やり直し工事**　下請負人の責に帰すべき理由がないにもかかわらず、元請負人が下請負人に対して工事のやり直しを命じること
- **⑦ 赤伝処理**　元請負人が下請代金を支払う際に、振込手数料や建築廃棄物の処理費用などの諸費用を下請代金から差し引くこと
- **⑧ 工　期**　適正な工期を確保するとともに、下請人の責に帰すべき理由がないにもかかわらず、工期の変更に起因する下請工事の費用が増加した場合は、元請負人が費用を負担する必要がある
- **⑨ 支払留保**　下請負人が工事を完成し、目的物を元請負人に引き渡したにもかかわらず、元請負人が長期間に渡って下請代金を支払わないこと
- **⑩ 長期手形**　元請負人が下請負人に対して、割引が困難な手形を用いて下請代金の支払いをすること
- **⑪ 帳簿の備付け及び保存**　建設業者は、営業所ごとに営業に関する帳簿を備えて、５年間保存する必要がある

ただし、購入先の指定は、請負契約の締結前に行われるのであれば、不当な使用資材等の購入強制に該当しません。請負契約の締結前であれば、下請負人は見積書に資材や機械器具などの費用を反映させることができ、下請負人の利益を害さないからです。つまり、不当な使用資材等の購入強制は、請負契約の締結後に行われる場合に限られます。

また、下請負人が元請負人からの購入に反対していても、元請負人の資材の販売価格が当初の予定よりも安く、かつ、下請負人がすでに購入していた資材や機械器具などの返却の問題が生じない（販売店との信頼関係が悪化しない）場合であれば、下請負人の利益が害されません。この場合は、請負契約の締結後であっても、元請負人が下請負人に資材や機械器具などを購入させることが例外的に許容されます。

⑥　やり直し工事

下請負人の責に帰すべき理由がないにもかかわらず、元請負人が下請負人に対して工事のやり直しを命じることは、原則として禁止されています。元請負人が、下請負人の責に帰すべき理由がないにもかかわらず工事のやり直しを求める場合には、元請負人と下請負人との間で十分に協議をすることが必要です。また、下請負人の責に帰すべき理由がなければ、やり直し工事の費用は元請負人が負担しなければなりません。逆に、下請負人の責に帰すべき理由があれば、下請負人が費用を負担してやり直し工事を行います。なお、「下請負人の責に帰すべき理由」とは、下請負人の行った工事が事前にとりかわした契約書に明示された内容と異なる場合や、工事に契約不適合（欠陥など）がある場合のことをいいます。

⑦　赤伝処理

赤伝処理とは、元請負人が下請負人に対して下請代金を支払う際に、振込手数料や建築廃棄物の処理費用などの諸費用を下請代金から差し引くことです。赤伝処理は、直ちに建設業法に違反するものではありません。しかし、赤伝処理をすることについて元請負人と下請負人の間で合意をしていない場合や、赤伝処理の内容を契約書の中で明示していない場合には、建設業法に違反する可能性があります。

⑧　**工期**

工期に変更が生じた場合は、当初の請負契約と同様に変更契約を書面で締結することが必要です。下請負人の責めに帰すべき理由がないにもかかわらず、工期が変更になって、これに起因する下請工事の費用が増加した場合は、元請負人が費用を負担することが必要です。また、建設業における働き方改革の観点から、適正な工期の確保が必要です。通常よりも著しく短い期間を工期とする請負契約を締結することは、著しく短い工期を禁ずる建設業法の規定に違反します。

⑨　**支払保留**

下請負人が工事を完成し、目的物を元請負人に引き渡したにもかかわらず、元請負人が長期間に渡って下請代金を支払わないことは、建設業法に違反する可能性があります。元請負人は、注文者から請負代金の支払いを受けた日から1か月以内に、下請負人が完成させた建築物の部分に対応する下請代金を、下請負人に支払わなければなりません。

⑩　**長期手形**

元請負人が下請負人に対して、割引が困難な手形を用いて下請代金の支払いをすることは、建設業法に違反します。

たとえば、振出日から支払期日までの期間が120日以上を超えている手形は、割引困難な手形とされる可能性があります。

⑪　**帳簿の備付及び保存**

建設業者は、営業所ごとに、営業に関する帳簿を備えて、5年間（平成21年10月1日以降については発注者と締結した住宅を新築する建設工事に関するものについては10年）保存する必要があります。その帳簿には、営業所の代表者の名前、注文者と締結した請負契約の内容、下請負人と締結した下請契約の内容といった事柄を記載し、契約書の写しなどを添付する必要があります。

19 独占禁止法の優越的地位の濫用との関係について知っておこう

下請法は、独占禁止法を補完している

独占禁止法とはどのような関係にあるのか

下請法は、親事業者が規模の小さな下請事業者と取引をする際に、一般的には弱い立場にある下請事業者を保護するため、親事業者の義務や禁止行為を定めた法律です。不当な返品や買いたたきなどは、親事業者の優越的地位を利用した不公正な取引として、独占禁止法においても規制の対象となります。しかし、独占禁止法によると、こうした「下請いじめ」が不公正な取引として認められるには、公正取引委員会の審査手続きによって個別の認定が必要になります。審査手続きによる解決には時間がかかり、手遅れになることもあります。また、親事業者と下請事業者の継続的な取引関係のマイナス要因となる場合もあります。親事業者との継続的な取引を悪化させることを心配するため、下請事業者が、親事業者の違反行為をあえて公正取引委員会や中小企業庁などに申告することは期待できないのが実情です。

そこで、スピーディかつ効果的に下請取引の公正化と下請事業者の保護を図るため、独占禁止法による優越的地位の濫用に関する規制を補完するものとして、1956年に制定されたのが下請法（下請代金支払遅延等防止法）です。適用対象の明確化や違反行為の内容・排除措置の内容の具体化によって、独占禁止法に比べて、手続が簡易になっており、迅速な対応が可能になっています。

どんな場合なのか

優越的地位の濫用に対しては、独占禁止法が適用されるのか、下請法が適用されるのかという問題があります。この場合、下請法違反行為については、基本的には、独占禁止法の特別法である下請法が優先的に適用されると考えるのが順当だといえるでしょう。

独占禁止法違反行為に対する排除措置命令は違反行為の差止めなどが中心となっているのに対し、下請法における勧告では、下請事業者の受けた不利益の速やかな回復（原状回復措置をとること）が主な内容となっています。そして、下請法では、親事業者が下請法に基づく勧告に従った場合には、独占禁止法に基づく排除措置命令や課徴金納付命令に関する規定は適用されないことが定められています。勧告に従ったのであれば、独占禁止法上の措置をとる必要がないからです。

ただし、親事業者の優越的地位の濫用に対して、下請法を適用するのか、独占禁止法を適用するのかは、最終的には、公正取引委員会の裁量ということになっています。

親事業者が下請法に基づく勧告に従わなかった場合について、下請法では、罰則などのペナルティを科すという内容の規定が設けられていません。したがって、親事業者に対して、勧告に基づく原状回復措置をとることを強制するのは難しいといえます。

しかし、下請法は、弱い立場の下請事業者を保護することこそが、制定の趣旨ですから、ただ黙って手をこまねいているわけではありません。親事業者が勧告に従わないときは、公正取引委員会の自らの裁

■ 優越的地位の濫用のイメージ

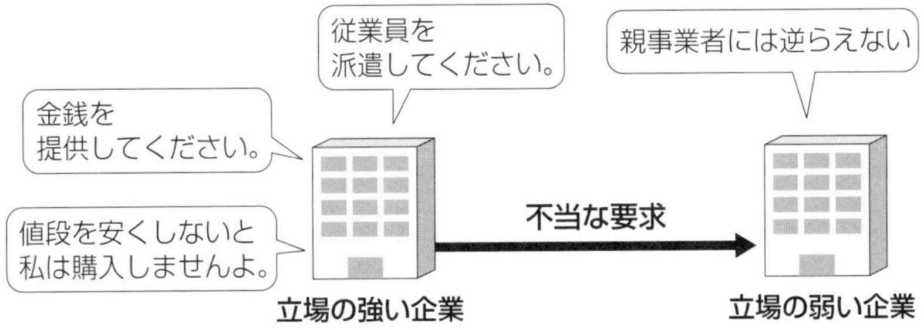

量によって、独占禁止法に基づく排除措置命令や課徴金納付命令が発令されることになると考えられます。

課徴金の導入について

平成21年の独占禁止法の改正により、優越的地位の濫用についても、独占禁止法における**課徴金制度**の対象とされています。優越的地位の濫用に該当するものとして、独占禁止法では、購入・利用の強制、経済上の利益の提供の強制、受領の拒否、返品の強制、支払遅延、取引対価の減額の強制、不当な取引条件の設定・変更などが規定されています。これらは、下請法において親事業者の禁止行為として規定されているものです（35ページ）。そして、親事業者による優越的地位の濫用に対して課徴金納付命令が発令されるときは、親事業者と下請事業者の取引による売上高の１％が課徴金として科せられます。独占禁止法２条９項に規定される「不公正な取引方法」の５類型（課徴金の対象となる類型）として、①不当廉売、②共同の取引拒絶、③差別対価、④再販売価格の拘束、⑤優越的地位の濫用が規定されています。これら５類型については、①〜④の類型が繰り返し行う場合にのみ課徴金の対象としているのに対し、⑤の類型は継続的に行うものに限定されるものの、一度の違反でも課徴金の対象となるという違いがあります。①〜④の類型は違反行為による弊害が大きな場合には私的独占にも該当する可能性が高いため、基本的には私的独占による課徴金の対象とすれば足りるとされる一方、⑤の類型は、独占禁止法に定める私的独占には該当することがないため、⑤の類型のみ繰り返しを不要としたと言われています。

ガイドラインとの関係について

公正取引委員会は、どのような行為が独占禁止法に違反するのかをわかりやすく具体的に示し、違反行為を未然に防止するためのさまざまなガイドラインを設けています。

たとえば、「大規模小売業者による納入業者との取引における特定の不公正な取引方法の運用基準」では、大規模小売業者（百貨店・スーパーの他、ホームセンター・衣料や家電などの専門量販店・ドラッグストアやコンビニエンスストアの本部など）による、そのバイイングパワー（強力な販売力を背景にした購買力）を利用した優越的地位の濫用行為を、効果的に規制するための運用基準が策定されています。その中で、不当な返品・不当な値引き・不当な委託販売取引・特売商品などの買いたたき・特別注文品の受領拒否・押し付け販売・納入業者の従業員などの不当使用などについて、実態に即した具体的で事細かな基準を提示しています。

ガイドラインは、多数の違反行為の類型を取り上げていますので、下請法の違反行為の類型に当てはまらない場合などに、その考え方は大変参考になるといえます。

■ 独占禁止法違反のガイドラインについて

大規模小売業者（百貨店やスーパーなど）に関するガイドライン

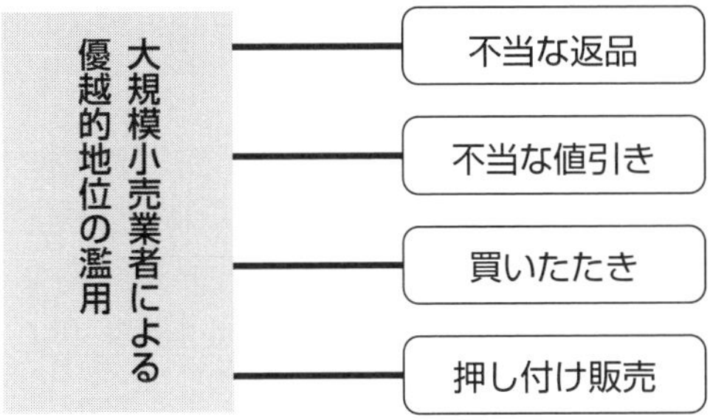

20 下請についてのトラブル救済機関はあるのか

まずは行政機関等に相談をする

違反した場合の措置とは

下請法では、親事業者に対し、発注書面の交付を含む４つの義務と、受領拒否や下請代金の支払遅延、返品、買いたたきを含む11の禁止事項を定めています（34～35ページ）。

このうち、発注書面の交付義務や書類の作成・保存義務に違反した場合には50万円以下の罰金が科せられます。また、禁止事項に違反していると認められる親事業者は、中小企業庁長官から規定に従って適当な措置をとるよう請求されたり、公正取引委員会からの勧告を受けることがあります。さらに、公正取引委員会は、必要に応じて親事業者や下請事業者に製造委託等に関する取引についての報告をさせたり、立入検査をすることができますが、その報告をしなかったり、虚偽の報告をする、あるいは検査を拒否するなどの行為をした場合には、50万円以下の罰金が科せられます。

勧告について

公正取引委員会は、親事業者が下請法に定められた禁止行為をしていると判断した場合、禁止行為の差止めや原状回復などの方法によって、「その状態を是正せよ」もしくは「再発を防止せよ」などといった内容の**勧告**をします。ここでいう「勧告」については、これに従わないことに対する罰則はありませんが、単に注意をするという意味合いだけではなく、法的措置としての事実上の拘束力があると考えられます。

勧告を受けると、業者名や違反内容、勧告内容がインターネット上などで公表されます。また、勧告を受けた親事業者は、改善報告書

（もしくは計画書）の提出を求められます。そして、勧告に従わない場合は、独占禁止法に基づく排除措置命令や課徴金納付命令が行われる可能性があります。

なお、平成20年12月17日に公正取引委員会が公表した「下請法違反行為を自発的に申し出た親事業者の取扱いについて」によると、親事業者が下請法違反行為をした場合でも、次のような条件を満たす申告を行えば、公正取引委員会は勧告をしないとしています。

① 公正取引委員会が当該違反行為についての調査に着手する前に、当該違反行為を自発的に申し出ている。
② 当該違反行為をすでに取りやめている。
③ 当該違反行為によって下請事業者に与えた不利益を回復するために必要な措置をすでに講じている。
④ 当該違反行為を今後行わないための再発防止策を講じることとしている。
⑤ 当該違反行為について公正取引委員会が行う調査及び指導に全面的に協力している。

どんな方法が考えられるのか

契約の当事者間で何らかのトラブルが生じた場合、まずは当事者間で話し合うのが一般的な解決の方法ですが、下請契約に関してのトラブルの場合、親事業者と下請事業者という立場の違いから対等な話し合いができないのが実情です。このため、全国の公正取引委員会事務所には、**下請事業者向けの通報・相談窓口**が設けられています。下請事業者からの相談を受け、親事業者が下請法に違反する行為をしている可能性があると判断される場合、公正取引委員会は書面調査や立入検査などを行い、必要に応じて勧告などの措置をとります。一方、行政機関の介入によって違反行為が改善されたとしても、それだけでは問題がおさまらないときもあります。たとえば、親事業者の違法行為によって、下請事業者が多大な損害を被っていたような場合です。下請法の違反行為に対して行政機関が指導するのは、下請法の規定の遵守だけで、その損害を補てんするよう親事業者に指示をするといったことは行いません。したがって、このような場合には弁護士などに相談をして損害を賠償するよう交渉を行い、場合によっては調停、訴訟提起などの手続をとることが必要になります。

他にトラブルを解決できる機関はないのか

下請業者が抱える下請トラブルの解決機関としては、公正取引委員会や裁判所といった公的機関の他に、(公財) 全国中小企業振興機関協会や日本弁護士連合会といった民間の機関が挙げられます。(公財) 全国中小企業振興機関協会は、経済産業省中小企業庁の委託を受け、各都道府県に「下請かけこみ寺」という名称の相談窓口を設置しています。下請かけこみ寺では、相談員や弁護士が下請業者からの相談を受け付けています。また、裁判外紛争解決手続(ADR)により、問題の解決を図ることができます。

ADRとは、裁判所ではなく民間の手によって行われるあっせんや調停、仲裁です。ここで双方が合意することができれば、裁判所よりも簡便・迅速に手続を進めることができます。ADRによる調停の費用は無料で、非公開で行われます。ただし、ADRのうち仲裁手続で提示された解決案には強制力が認められていますが、調停で提示された解決案には強制力がありません。

日本弁護士連合会では、「ひまわり中小企業センター」という名称の中小企業向け相談窓口を開設しています。全国共通の専用ダイヤルに電話すると、各地の弁護士会に接続されます。

また、各弁護士会にも「紛争解決センター」などの名称でADRを利用できる機関が設置されています。

第３章

請負・業務委託・副業に関する書式作成の基本

1 契約書にはどんなはたらきがあるのか

契約の事実や内容の証拠となるだけでなく、多くのメリットがある

なぜ契約書を作成するのか

建物工事請負契約など、法律で契約書の作成が義務付けられている一部のケースを除いて、多くの契約は口頭でも法的に成立します。それでもあえて契約書を作成するのは、以下のような理由によります。

・トラブルの防止やトラブルへの対処に有効

口頭で契約を結んだ場合、後々になって契約内容について「言ったはずだ」「聞いていない」というような口論になってしまうケースが見られます。このような場合、契約書は、契約が締結されたという事実やその内容を証明する有力な証拠になります。契約書によって、当事者双方が受け取るべき利益と不利益とを明確にしてあれば、相手方もむやみに苦情を訴えたり、提訴したりすることはできません。そのため契約書はトラブルを減らすことに大きな役割を果たすのです。

・業務を効率的に進めるマニュアルとして機能する

契約書には､契約者双方が受けるべき「権利」と果たすべき「義務」､そしてトラブルが起こった場合の処理などが明確に、漏らさず書かれていることが理想です。ですから、よい契約書を作成しようとすれば､自然に、業務上の手続きを明確に記載したマニュアルができ上がることになります。このような契約書があれば、最小限のやりとりで取引が完了するため、業務の効率化につながります。

・企業としての信頼度を向上させる

きちんとした契約書があらかじめ用意されているかどうか、というのは、その企業が信頼できる企業かどうかを測るひとつのバロメーターとなります。たとえば納入時の送料や、支払時の振込手数料はど

ちらが負担するのかという一見ささいなことでも、明確に契約書で規定されていなければ相手に不信感を与える原因になります。

契約書があらかじめ用意されており、内容も双方の利益となるようきちんと考えられたものであってはじめて、信頼するに足る取引先であると判断されます。

念書や覚書も契約書である

一般的に、たとえば契約を結ぶ当事者が２人であれば、２部の契約書（数枚に及ぶ場合は、冊子にする）を作成します。そして、各々が２部両方に記名押印または署名をし、一部ずつ保管します。後でわかる程度に、念のため作成しておくような「念書」「覚書」の類でも、いったん作成すると、法的拘束力がないことを記載していない限り、契約書と同等の扱いをされますので注意が必要です。

差別化できる契約書を作る

契約書には一般的に「表題」「前文」「本文」「後文」「作成年月日」を記載します。この中で、「本文」は「一般条件（一般条項と呼ぶこともあります）」と「主要条件（主要条項と呼ぶこともあります）」に大きく分けられます。「一般条件」は、契約期間、秘密保持義務など、たいていの契約で定めておく項目のことを指します。「主要条件」は、その契約の特徴的な契約条件です。

■ 契約書を作成する意味

契約をした証拠となる	トラブル防止、裁判での強力な証拠となる
契約遵守	契約書に記載されることにより、口約束のような曖昧さが排除され、契約を遵守する意識が高まる
ルールの明確化	契約書を作ることにより、その内容（ルール）に沿った事業運営をすることが要求される

たとえば、業務の請負契約であれば、仕様や納入方法を具体的に記載します。ビジネスにおける契約書ではこの「主要条件」を最も注意深く書くべきです。なぜなら、「主要条件」はそのまま「サービスの説明書」となるからです。ここで言う「サービス」は、品物や金銭のやりとりなども含みます。取引先は、契約書の「主要条件」を読んで、「サービス」について理解しようとします。ですから、「主要条件」には、サービス内容をわかりやすく、漏らさず記載することが大切です。相手が支払う対価や許容しなければならないリスクなど、相手に不利益となる事項も、うやむやにせずはっきり記載するようにしましょう。

競合する他社に勝ち、ビジネスの相手として選ばれるためには、「差別化」をはかる必要があります。契約書の「主要条件」には、差別化している部分をわかりやすく盛り込むようにしましょう。契約書は、書き方しだいで契約交渉の強い味方になるのです。ひな型を使った、形式だけきちんとしているような契約書では、競合他社に差をつけることはできません。

トラブルを防止できるようにする

ビジネスの契約書の中では「主要条件」に最も注意を払う必要があります。「主要条件」をいい加減に書いて、あいまいな部分が残ってしまうと、アピール力のない契約書になるばかりか、最悪の場合、トラブルになることがあります。

そのため、交渉で合意した内容を契約書として文章化する作業も、微妙に合意内容と違ったり、解釈に幅ができてしまう表現にならないよう、時間をかけて慎重に行うことが必要です。「主要条件」の中にあいまいな表現を残したまま契約を結んだ場合、契約当事者はそれぞれの側に有利な解釈を主張し、訴訟に発展するおそれも出てくるので、「主要条件」の条項を作成する際には、生じ得るさまざまなケースを想定して具体的に規定しなければなりません。

注文書と注文請書で一つの契約となる

商取引は、通常、注文書、注文請書、見積書のやりとりだけで成立します。契約は、当事者の一方が「申込み」をして、相手が「承諾」することで成立します。「申込み」を証明するのが**注文書**で、「承諾」を証明するのが**注文請書**です。

注文書を作るポイントは、①宛て先を正しく書く、②商品名や数量など目的物を特定する、③代金（総額・単価）・支払方法などを明記する、④納入場所、納入方法なども詳細に書く、⑤必ず控えをとっておく、ことです。注文書だけでは、相手が承諾したのかどうかがわからないので、注文請書が必要になります。相手から注文請書を受け取っていれば承諾があったことが証明できます。

注文書や注文請書は、どんな形式のものでもかまいません。商品名と代金を記載したFAX文書でもよいのです。

見積書と請求書

商品（あるいは機械・工事など）の単価、数量、納期などの取引条件を記載して、受注者が注文者に対して契約締結前に交付する書面を**見積書**といいます。見積書は、単に取引条件を示したものにすぎません。見積書を受けて注文者が注文し、それを受注者が承諾することに

■ 契約書のスタイル

表　題	契約書のタイトル （商品売買契約書、継続的取引契約書、など）
前　文	契約当事者、契約概要
本　文	主要条件、一般条件
後　文	作成した契約書数、所持する当事者の情報
日　付	契約書作成日
記名押印	当事者の記名押印または署名（押印）

よって契約が成立するのが通常です。

また、商品の引渡しや代金の支払いなど、取引上生じた債権の履行を請求したことを証明する文書を**請求書**といいます。

請求書は、たとえば、債権を回収しないまま何年も放っておいたため、時効が完成して債権が消滅してしまうのを防ぎたい場合（時効の完成猶予または更新）や、相手がきちんと債務を履行しないために損害が生じており、特約条項の損害金の発生の有無を確定するような場合に効果を持ちます。

契約期間においての注意点

契約において、契約期間は非常に重要とされる項目です。いつからいつまでの期間、契約の効力を持たせたいのかを契約書に明記しておかないと、いつまでも契約の内容に縛られることにもなりかねません。契約期間を明確に記載することで、双方ともに契約期間を明確にでき、トラブルを防止することができます。

契約には、①必要なときにだけ単発的に結ぶ**スポット契約**と、②一定期間にわたる継続的な取引のために結ぶ**継続契約**の２種類があります。スポット契約の場合は、期間よりも契約終了日が重視されます。長期契約の場合は、自動更新とするのか、そうでないのかなどを確認しておく必要があります。自動更新にすると、当事者からの申し出がない限り契約は終了しませんが、自動更新にしない場合は、契約期間が終われば契約が終了するため、期間設定については十分に気をつけることが大切です。

契約期間の長さにも注意が必要です。有利な条件だからと言って長期にわたる契約期間を結ぶと、よりよい条件の契約に切り替えようとしてもすぐに契約できない、という欠点もあります。

このように、契約期間を長くすることのメリット、デメリットについてもよく考えた上で、契約を結ぶことが大切です。

2 契約書を書く際に注意することは何か

契約書の内容の矛盾はトラブルのもと

矛盾しないようにする

契約書は、調印する双方の担当者だけではなく、多くの関係者が参照する文書です。したがって、契約書は誰が見ても同じ解釈ができるように記載する必要があります。

また、契約書は論理的に矛盾がないようにしなければなりません。矛盾があると当事者がそれぞれ都合のよいように解釈することが可能となり、トラブルの原因となります。特に多くの条項がある契約書では、条項同士の矛盾がないようにチェックをするべきです。

複数枚の契約書は契印で一体性を持たせる

ビジネスにおける契約書は、たいてい複数枚にわたります。しかし、何枚ある契約書でも、署名欄（または記名押印欄）は一つなので、署名欄のあるページはよいのですが、他のページは差し替えや改ざんを簡単にされてしまう危険性があります。そのような危険を減らし、契約書の信頼度を向上させるためには、複数枚の契約書に書類としての一体性を持たせる必要があります。そのため複数枚にわたる契約書では、すべてのページで、隣のページとまたがるように契印を押します。枚数が多い場合には、ホチキス留めをして背表紙に製本テープを貼りつけ製本してから、製本テープと表紙にまたがる部分に契印を押すという方法も利用されています。

また、条文の中で、別紙の図面や、他の契約書などを参照させる場合があります。図面などの場合には、契印を押したり、冊子として一緒に綴じたりする方法で、契約書と一体化させましょう。

契印の押し方には次ページ図のような方法があります。

①　各葉のつなぎ目に契印を施すやり方

複数枚をホッチキスで止め、各葉のつなぎ目にまたがるように、契約当事者全員の印で押印します。契印は各頁をつなぐ役目をし、各頁が一体であることを示します。

②　契約書の１か所だけに契印を施すだけで足りるやり方

複数枚をホチキス留めした後、背を別紙または製本テープでつつんでのりづけを行い（袋とじ)、のりづけの境目に契印を施します。これで、のりづけされた全体について契印を施したことになります。特に頁数が多い場合には、①の方法よりもこちらの方法が簡単です。

割印の押し方

契約書に別書類を添付する場合、割印を施すことによって、それらの添付書類が契約書と一体をなしていることを示すことができます。割印を施すときは、契約書を重ねて全当事者の印で押印をします。なお、割印は、必ずしも署名者（記名者）の押印に使った印章でなくてもよいとされています。

押印の種類には他にどんなものがある

押印には契印、割印の他に以下のものがあります。

①　訂正印

訂正印とは、契約書上の文字を訂正する場合に、訂正部分の余白に訂正の内容を記載して各当事者の印鑑で押印することです。ただ、金額を訂正印で訂正するのは好ましくありません。

なお、契約書を訂正するときは、まず訂正する文字に二本線を引きます。そして、縦書きの場合はその右に、横書きの場合はその上に正しい文字を書き加えます。

②　捨印

捨印とは、文字の訂正に備えて、契約書の上欄にある余白部分に、あらかじめ当事者が押印しておく押印のことです。文字の訂正用として使われる建前になっていますが、捨印は契約書の偽造に濫用されるおそれが多分にありますから、原則として使用しない方が無難です。面倒でも、訂正箇所ごとに訂正印を押すようにしましょう。

③　消印

消印とは、契約書に貼付された印紙と契約書面とにまたがってなされる押印のことです。契約書が印紙税法上の課税文書である場合、当事者は納税のため契約書に所定額の収入印紙を貼付して、消印をする必要があります。

■ 契約印の押し方

・契印と割印

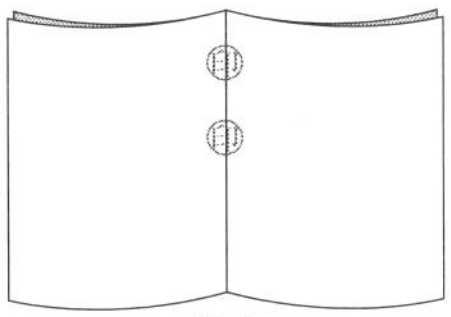

契印

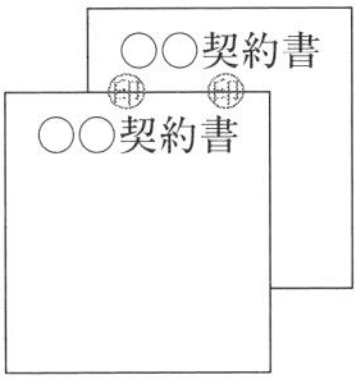

割印

・捨印

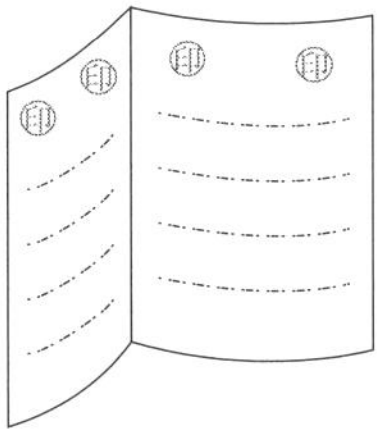

・訂正印

①誤った文字の上に二本線を引き、上部に正しい文字を記入する場合

②誤った文字の上に二本線を引き、上部に正しい文字を記入する。そして欄外に「２文字削除１字加入」と記載する場合

③訂正した文字をカッコでくくり、これに押印する場合

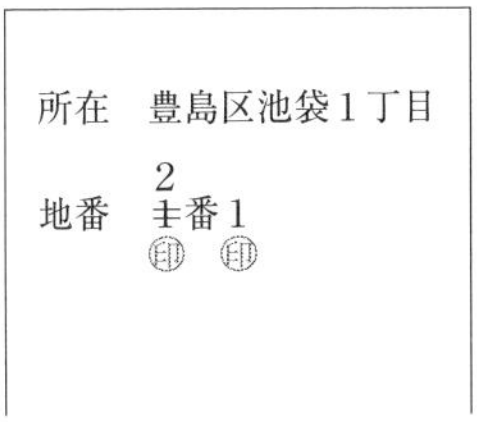

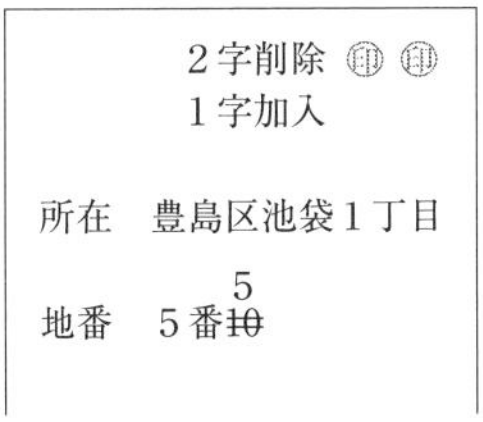

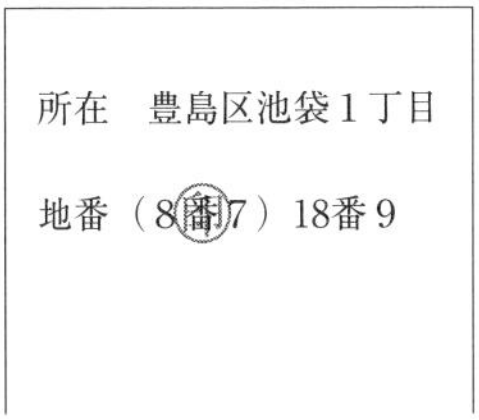

3 契約書に必ず書くことは何か

誰が読んでもわかるように、詳細に丁寧に書く

基本事項から記載する

契約書は、第三者が読んでも契約の内容がわかるように、わかりやすい表現で、かつ論理的な文章でなければなりません。契約書をわかりやすく書くためには、契約書の条文は、基本事項から順番に記載していきます。その後、個別の事項を順番に記載していきます。

条文の表示の仕方について

条文を論理的に、そして客観的にわかりやすく伝えるために、「条＞項＞号」という階層表現で、契約内容を記載します。これは、条文が長くなってしまうことにより、解釈をめぐるトラブルに発展することを未然に防ぐため、契約内容をわかりやすく整理する手段になります。

まず、条文の見出しである第○条（○○○）を書きます。（○○○）は、誰が読んでも、契約についての、何の事項なのかを理解できるように書きます。次に「条」の中身をわかりやすく記載するための「項」を書きます。「項」は第１項、第２項と、各項に分けて書きます。さらに「項」の中身をわかりやすく記載するために「項」ごとに、第１号、第２号と「号」を書きます。「項」「号」ともに、誰が読んでもわかりやすく、条に関連した事項を簡潔にまとめ、すっきりさせる必要があります。

横書きの契約書の場合、「条」「項」はアラビア数字を使い、「号」は○書き（①②など）を使います。縦書きの契約書の場合は、「条」「項」は漢数字、「号」は○書きを使います。金額の数字は、漢字を使い、改ざんを予防する場合もあります。「項」の第１項の「１」とい

う数字は省略することができます。

契約の条項には、主語を必ず明記するようにします。「○○株式会社」のように、具体的な正式名称を用いるのはもちろんですが、「当事者」「相手方」「開示者」など、立場で表現する場合もあります。「甲」「乙」のように、略語を使用して表現する場合もありますが、その場合、甲と乙が誰なのかを混同しないようにする必要があります。

契約は相手がいて初めて成り立ちます。相手については、「○○株式会社」のような正式名称や、「甲」「乙」のような略語を使用して表現します。「○○は甲に」「○○は乙に」という表現を使う場合、「に」という助詞は幅広い意味を持っているため、「○○は甲に対し」「○○は乙に対し」のような他の表現を使うことができるのであれば、それを使うのが望ましいといえます。

また、契約における当事者が三者以上になる場合は、必ず誰を対象とする条項なのかをはっきり明記することが大切です。

条文では、誰が何をどうするのかということを、はっきりと具体的に明記する必要があります。受身の文章ではなく、能動態の文章で書くことが重要です。

一般条件は多くの場合にいれる

契約書には、**一般条件**を記載します。一般条件（**一般条項**と呼ぶこ

■ **条文の表示**

条 → **第6条（契約解除）** 乙が次の一に該当したときは、甲は勧告をせずに直ちに本契約を解除することができるものとする。

号 → ①　3か月分以上の賃料の支払いを怠ったとき

号 → ②　その他本契約の他の条項に違反したとき

項 → **2**　前項の事由により、甲につき損害が生じた場合には、乙は甲に対し、損害賠償責任を負うこととする。

ともあります）とは、一般的なビジネスの契約において、必ず規定されている条項のことで、契約の種類にかかわらず、必ず取り決めておかなければなりません。

たとえば一般条件には、支払条件、契約期間、契約解除、期限の利益喪失（期限の到来までは債務の履行をしなくてもよい、という債務者の利益が失われる場合）、不可抗力（生じた損害が、いかなる注意をしていたとしても発生していたような場合）で損害が生じた場合の取扱い、秘密保持義務、損害賠償、準拠法についての規定（海外の企業と取引する場合などに規定する、契約の解釈の規準となる法律について定めておく条項のこと）、個人情報取扱いなどがあります。

このように、一般条件は、ビジネス上の契約だけでなく、一般的な契約においても、ほとんどの場合に規定されている条項です。しかし、条項の種類が一般的であるからといって、内容を検討しないまま規定することのないようにする必要があります。契約内容によっては、一般条件の内容も異なる場合が多いので、一般条件だからと軽く考えるのではなく、当事者間での交渉過程において、慎重に決定する必要があります。一般条件についても、それぞれリスクを背負う必要があるので、慎重に検討し、契約書を作成することが重要です。

第三者への委託条項を置いた方がよい場合もある

たとえば、顧問契約やコンサルタント契約などは、その業務を第三者に委託されてしまうと、その個人や団体を選んで契約を結んだ意味がなくなってしまいます。このような契約の履行を、特定の個人や団体のみに限定させたい場合は、第三者への委託はできないことを、契約書に加えておく必要があります。もし業務を一部的に委託可能とする場合でも、委託してもよい範囲は明確に記し、委託する第三者が負う義務についても明記しておきましょう。

管轄裁判所を決めておく合意管轄条項

管轄裁判所とは、紛争が起こった場合に、訴えを提起することができる裁判所のことです。管轄裁判所は、民事訴訟法によってあらかじめ決められており、通常、被告の所在地や、債務の履行が行われる場所を管轄する裁判所が、管轄裁判所となります。

しかし、第一審の管轄裁判所に限っては、契約の際に当事者間の合意の上、指定しておくことができます。これを**合意管轄裁判所**といい、契約書にそのことを記載することで、民事訴訟法で決められた管轄以外の裁判所でも裁判を行うことができるようになります。

また契約書に合意管轄条項を記載する際には、必ず「専属的」という言葉を含め「専属的合意管轄裁判所」と書くようにします。専属的合意管轄裁判所とは、第一審の裁判の提起が認められるのは、そこの管轄裁判所のみということです。逆に「専属的」という文字が入っていないと、契約時に合意した管轄裁判所だけでなく、民事訴訟法で認められている裁判所でも裁判が可能（非専属的合意管轄）とみなされてしまい、合意管轄を指定する意味が失われることになるからです。

特に海外など、遠方にいる相手と契約を結ぶ際には、この管轄裁判所がどこであるのかは、とても重要な問題になります。もし裁判となった場合に、そこに行くためだけに、時間と費用の面で大きなコストが発生することになるからです。合意管轄裁判所はできるだけこちら側に近い裁判所を指定しておくようにします。

■ 合意管轄条項

第○条（合意管轄）本契約より生じる法律関係の訴訟については、甲の本店所在地を管轄する地方裁判所及び簡易裁判所を第一審の専属的合意管轄裁判所とする

4 契約書の署名と実印について知っておこう

大事な契約書には実印を押す

サインによって契約が成立する

契約書の最後に、氏名・名称、住所を書き、押印して、契約が成立します。サインには、署名と記名の２種類があります。**署名**とは、当事者自らが氏名・名称を書くことです。当事者が自筆することにより筆跡が残るため、署名した当事者が契約をしたという証拠がはっきりと残ります。**記名**とは、当事者の自筆ではなく、ゴム印やワープロの印字や、第三者によって氏名・名称が記載されることです。記名は当事者の筆跡が残らないため、署名に比べると証拠という点で劣ります。

書面の作成について法律が特に署名を要求する場合、通常は署名に代えて記名押印でもよいとされます。押印も大きく分けて、実印と認印の２種類があります。**実印**とは、法人の場合は法務局、個人の場合は市区町村に登録してある印鑑のことです。**認印**とは、実印以外の三文判のことをいいます。認印は、誰でも、どこでも手に入れることができるため、証拠という点において、実印に比べるとはっきりと劣ります。

法的な証拠能力という点で、契約書に記名をしたときは、認印ではなく、実印による押印をするようにしましょう。また、契約書の最後に余白がある場合には、「以下余白」を記載するか、最後の部分に止め印をすることが大切です。これは、後に余白の部分に文章を書き加えられることを防止する意味があります。

署名する際に気をつけること

契約書にサインをして、契約を締結できるのは、基本的には、当事者が個人であれば本人、法人の場合であれは代表取締役など代表権限がある者のみです。正当な代理権のある代理人でも、契約は締結できますが、特別な事情がない限り、本人か代表権者に署名してもらう方が確実であることは間違いありません。

署名による際、個人の場合は、本人に「個人名」の自筆および押印をしてもらいます。法人の場合は、代表権者に「会社名」「役職名」「氏名」の自筆および押印をしてもらいます。個人事業者の場合は、本人に「屋号」「氏名」の自筆および押印をしてもらいます。会社名や役職を記入することで、消費者との契約ではなく法人と結んだ契約であることがわかります。個人事業者の場合も、必ず屋号を入れます。契約を結んだ個人が消費者か事業者かの違いによって、適用される法律が異なることもあるため、署名の欄ではっきりわかるようにしておくことが必要です。

なお、法的には署名のみでも契約は成立するとされていますが、同時に押印もしてもらう方がよいでしょう。その際は、個人であれば市区町村に、法人であれば法務局に登録している実印を押してもらいます。署名だけでも筆跡鑑定で本人かどうかを特定することはできますが、何かのトラブルの際に、偽造しにくい実印を押してある方が確実な証拠になるというわけです。

記名押印の場合は印鑑証明書を添付する

記名押印の場合には、実印を使用し、印鑑証明書を添付するのが正式なやり方です。実印を使用すると、市区町村や法務局が発行する印鑑証明書によって、その人の印鑑の印影であることが容易に証明できます。確かな契約書を作るためには、実印を押して、印鑑証明書を添付するのが望ましいといえます。

5 業務内容・対価・支払方法について知っておこう

重要なポイントをおさえておく

具体的に記載すべき事項について

契約する上で重要視すべき事柄が、業務内容、対価、対価の支払方法に関する記載です。特に請負契約や業務委託契約では、これらを明確にしていなければ、契約として成立しないこともあります。

業務内容については、どのような仕事の完成を請け負うか（請負契約の場合）、またはどのような業務の依頼を受けるのか（業務委託契約の場合）を明記しておかなければ、契約を結ぶ意味がないといえるでしょう。**対価**については、下記のように細かい注意事項がありますので、その点に気をつける必要があります。そして、対価を現金で支払うのか、振込にするのか、または手形で支払うのか、という**支払方法**も明記しておかなければなりません。

これらのポイントは非常に重要です。後で間違いに気づくことのないようにしっかりと確認しておきましょう。

対価について気をつけること

対価については、たとえば、契約した対価に消費税は含まれるのか、消費税は別途加算となるのか、送料などの諸費用が対価に含まれるのか、または対価とは別途請求となるのか、といった細かい事項も双方で話し合い、明確にしておく必要があります。

履行期日・履行の場所・履行の方法

履行期日とは、債務者がその債務を履行しなければいけない日時のことです。たとえば、「10日までにAは納品することになっている。

納品後、30日までにBは代金を支払う契約になっている」ような場合、A・B両者ともに債務者となり、それぞれに果たさなければならない義務が生じています。Aの債務履行期日は10日となり、Bの債務履行期日は30日となります。

履行地や**履行の方法**、**条件**などについては、契約条項の中に明確に組み入れておいた方が、履行の際のトラブルが少なくなります。法律の解釈はさまざまで、債権者と債務者の立場の違いなどによって、債務の履行の場所・期日・条件などが変わってくるからです。

完全条項とは

法律上、契約は当事者の合意によって定まります。契約締結の際には、必ず正式な契約書を作成する必要はなく、口約束や覚書などでもその効力を発揮するとされています。しかし、正式に契約書を発行して契約内容の明確化をしていないと、トラブルになり、損失を被る可能性も大きくなります。**完全条項**とは、契約書の記載事項のみが完全な合意であり、契約書に記載されていない内容や、契約が締結されるまでに交わされた合意や約束は、一切の効力を生じないとする規定です。完全条項を規定することで、契約の内容は明確化されます。そのため、書面によらずに成立した契約や、契約締結前に交わされた合意や約束などを掘り出されて起こるトラブルを、事前に防ぐことができます。ただ、完全条項を置くということは、逆に契約書に記載されて

■ 対価条項

第○条（賃料と支払方法）本契約に基づく賃料は、１か月につき金○○万円とする。

２　賃料の支払方法につき、乙は、毎月末日限り翌月分を甲の指定する銀行口座に送金する方法にてこれを行うこととする。賃料の持参はこれを受けつけないものとする。

いないことは、新たに当事者間で合意がない限りは効力が生じないということになります。契約締結時には、考えられるトラブルを想定して、漏れがないかどうかについてチェックする必要があります。

秘密保持条項とは

秘密保持条項とは、契約の履行をする上で知られた重要な企業情報を、第三者に開示したり、漏らすことを禁止する規定です。重要な企業情報とは、外部に知られた場合に被害が及ぶ可能性のある情報のことで、おもに経営ノウハウや、製造技術などの知的財産情報などが挙げられます。また、最近では、顧客名簿などのプライバシーに関わる個人情報も、注意して扱わなければならない重要な情報となっています。契約書で当事者以外の第三者にまで機密情報の開示が認められている場合には、その第三者に対しても、契約を履行する上で知り得た機密情報の保持義務を規定しなければなりません。

秘密保持条項に違反があった場合は、損害賠償請求をすることになりますが、民法では、損害賠償は金銭での賠償しか認められないとされています。そのため、さらなる損失の拡大を防ぐために、損害賠償請求だけでなく、差止請求（侵害行為や違反行為を止めさせること）も規定しておきます。また、履行終了後にも、情報の漏えいを避けたい場合は、契約の履行後も、重要情報の秘密保持義務が課せられることを規定しておく必要があります。

納入・検査についての条項

納入が遅れたり、納入先の受入れがうまくいかなかったり、注文していない商品が誤って納品されたりと、契約上「納入」に関する部分でトラブルが起こることもあります。遅延や誤納など、債務者側のミスが多いのですが、受領拒否や誤注文など、債権者によるものもあります。これらに対しては、損害賠償や出荷停止などの処置をとることができるように、契約書に対応を明記しておきます。

納入についてのトラブルを回避するためには、注文書や領収書とともに、受領書の受渡しを必ず行うことが有効です。金銭が動く領収書と違い、物品が動く受領書の受渡しは怠りがちですので、必ず行うように習慣づけることが大切です。また、納入に関するトラブルと同様に、「検査」に関するトラブルも多く発生します。不良品が市場に出回ってしまうと、大変な損害になりますので、検査については、検査基準と検査方法を明確に提示しておくことが必要です。

また、契約の相手が検査をする場合は、「検査期間」も忘れずに規定しておきましょう。「納入」と「検査」については、「検収」という用語でひとくくりにして契約書に記載するケースも多く見られます。受注する商品の量が多くない場合など、手続的に一緒に扱っても不都合がない場合は「検収」という用語でひとくくりにしても問題ありま

■ 完全条項の具体例

第○条（完全条項）甲及び乙は、本契約書並びに本契約書に基づく規則及び方針が、甲乙間の本契約に関する完全かつ唯一の合意書であることに同意する。本契約書に先立つすべての契約書や覚書は、それらが習慣、慣行、方針又は先例によって成立されたものか否かにかかわらず、効力を失うものとする。

■ 秘密保持条項の記載の仕方

第○条（秘密保持義務）甲が、職務の遂行上知り得た乙の経営内容、内部事項、機密情報、その他業務に関する一切の情報は、これを漏えいしてはならない。

2　前項の秘密保持義務は、甲の転職または退社後も、同様とする。

3　甲が、前2項の規定に違反した場合、甲は、それにより乙が被った損害を賠償しなければならない。

せん。ただ、本来納入と検査は別過程ですので、契約内容によっては、「納入」と「検査」を分けて契約書に規定するのがよいでしょう。

第三者の使用の可否について規定しておく

請負人は、仕事を完成させる義務を負っています。原則として、請負人は自らの手を用いずに、第三者を使用することで仕事を完成することが許されます。第三者を使用する場合には、自らの仕事の一部を他人に請け負わせる下請契約を締結することもできます。第三者が代わって仕事を行うことが請負では許され、雇用では許されないので、第三者を使用する可能性を契約書で定めておけば、契約の請負性が強まります。ただし、第三者の使用を禁止した場合には、絶対に請負にならないというわけではありません。

なお、建設業者は、建設工事を他の業者に一括して下請をさせることが禁止されています（一括下請負の禁止、65ページ）。

■ 検収について規定する条項の具体例

> **第○条（本件システムの検収）** 甲は、乙から本件システムの納入を受けた後10日以内に検査を行い、種類、品質、数量又は権利の不適合（以下「不適合」という）の発見の有無につき、遅滞なく乙に通知することとする。
>
> 2　乙は、前項の規定により、甲から本件システムに不適合が存在する旨の通知を受けたときは、本件システムにつき必要な修正を行い、甲乙で別途協議して定める期限までに再度納入するものとする。
>
> 3　第１項の規定により甲が乙に対し不適合を発見しなかった旨の通知をした場合は、その通知の乙への到達をもって、その期間満了の時に本件システムの検収が終了したものとする。
>
> 4　甲が本件システムの納入を受けた後10日以内に第１項の通知を発しない場合も前項と同様とする。

6 個人情報の利用や委託・請負をめぐる問題点について知っておこう

委託は第三者提供にあたらないが委託先の監督義務が生じる

第三者提供は本人の同意を必要とするのが原則

個人情報取扱事業者が取得した個人データを第三者に提供する際には、原則として、あらかじめ本人の同意を得る必要があります。経営主体を異にする事業者は、ここでの「第三者」に該当することに注意を要します。たとえば、親会社から子会社への個人データの提供や、フランチャイズ契約をしている本部（フランチャイザー）から加盟店（フランチャイジー）への個人データの提供は「第三者提供」にあたります。一方、同じ会社の部署間での個人データの提供は、第三者提供にあたりません。

また、第三者提供をする側は、その記録を作成することも必要です。反対に、第三者提供を受ける側は、提供を受ける個人データの取得経緯などを確認することが必要です。

オプトアウトによる第三者提供

目的外利用をする際に本人の同意を得なくてもよい条件（法令に基づく場合や、人の生命・身体などの保護のために必要である場合など）と同様の条件にあてはまる場合は、本人の同意がなくても個人データの第三者提供ができます。

また、個人データの本人から請求があれば第三者提供を停止するとしている場合（オプトアウト）は、次の５つの事項をすべて定めることを条件として、本人の同意がなくても個人データの第三者提供ができます。「５つの事項」とは、①第三者提供を利用目的とすること、②第三者提供がされる個人データの項目、③第三者提供の方法、④本人の求めに応じて本人が識別される個人データの第三者提供を停止すること、⑤本人の求めを受け付ける方法です。これらを本人に通知するか、本人が簡単に知ることのできる状態に置くとともに、個人情報保護委員会に届け出ることでオプトアウトが認められます。ただし、要配慮個人情報（人種、犯罪歴、犯罪被害者歴、病歴などの個人情報）は、オプトアウトによる第三者提供の対象から除外されています。

なお、令和２年成立の個人情報保護法改正で、オプトアウトにより第三者提供を受けた個人データを、オプトアウトにより第三者提供することが禁止されたことに注意を要します。この改正は、オプトアウトを用いることで、本人の同意を得ないままに個人データが転々とするのを阻止することを趣旨としています。

委託の場合は提供先が「第三者」と扱われない

最近は、経費節減や作業効率化などを目的として、さまざまな業務を外部に委託（アウトソーシング）することが多くなっています。たとえば、アンケートで入手した氏名・住所などを、より整理されたデータベースの形に加工する業務を専門の業者に委託する場合、個人データが委託先である業者に渡ることになります。

この場合、経営主体の違う業者に個人データを渡す点では第三者提供と同様ですが、個人情報保護法では、委託の場合は提供先（委託先）は「第三者」にあたらないとしています。つまり、利用目的の範囲内で委託が行われる分には、第三者提供にはあたらず、本人の同意も必要ありません。

委託の場合は委託先を適切に監督しなければならない

委託の場合は、本人の同意がなくても個人データを委託先（受託者）に提供できますが、委託元（委託者）である個人情報取扱事業者には、委託先である業者が個人データを適正に利用するよう監督する義務が生じます。もっとも、委託先に出向いて常時作業を監督するわけにはいきませんので、委託元と委託先との間で「個人データを適正に取り扱います」という約束を取り交わし、不正利用を食い止める手段がとられます。具体的には、個人情報委託契約書を取り交わす段階で、委託元と委託先の責任の所在を明確にした上で、委託先における個人データの安全管理について取り決めをする（漏えいや紛失などの防止措置、事務所外への持出し禁止、再委託の禁止、秘密保持義務など）、漏えいや紛失などが発生した場合の措置（委託元への報告、委託先の損害賠償責任など）を明示しておくことが考えられます。

個人データの漏えいや紛失などが発生した場合、委託元は多種多様かつ莫大な損害が生じるおそれがあります。その場合、いくら委託先から損害賠償金の支払いを受けたとしても、取り返しのつかないことも少なくありません。そこで、委託元としては、定期的に委託先の安全管理の状況について確認を行うなど、漏えいや紛失などを予防する措置を強化することが重要です。

なお、委託先への必要かつ適切な監督が行われていない状態で再委託が行われ、再委託先で個人データの漏えいや紛失などの事件が発生した場合は、委託元にも法的責任が生じる可能性があります。

個人情報保護委員会が公表するガイドラインなどもある

個人情報保護法を所管する個人情報保護委員会は、いくつかのガイドラインなどを公表しています。主なものとして「個人情報の保護に関する法律についてのガイドライン（通則編）」「個人データの漏えい等の事案が発生した場合等の対応について」の２つがあります。個人情報管理にあたっては、これらを十分に理解することも求められます。

なお、請負業者・元請業者・委託先の従業員は、発注者・元請業者・委託先にとって自社の従業員ではないため、直接指揮命令ができる関係にはない点に注意を要します。

7 印紙税について知っておこう

請負の場合、印紙税額は契約書記載の契約金額によって異なる

印紙とは

「印紙」は、課税対象となっている文書に貼って、国に対して税金や手数料を支払うものです。**印紙税**は、課税の対象となっている文書を作成するときに、納付の義務が発生します。課税の対象となる文書は印紙税法別表第１で示されており、課税物件によって分けられています。１号から20号まで20種類あり、具体例としては、継続的取引基本契約書、請負契約書、消費貸借契約書、不動産の売買契約書などがあります。該当する課税文書については、単に契約書のタイトルで形式的に判断するのではなく、契約書の内容から判断します。

印紙税の納税方法は、原則として課税の対象となっている文書に印紙を貼るだけです（ただし、印紙には消印が必要）。

印紙税の必要のない文書に誤って印紙を貼ってしまった場合や印紙税の額を超える印紙を貼ってしまったというような場合は、還付が受けられます。還付を受けるには、必要事項を「印紙税過誤納確認申請書」に記入して、納税地の税務署に提出します。

逆に、課税の対象となっている文書であるにもかかわらず印紙を貼っていない場合、契約自体は有効ですが、納付されなかった金額とその２倍の金額が「過怠税」として徴収されることになります。

印紙税法における請負契約と印紙税額

印紙税法に基づいて考えた場合の「請負に関する契約」（請負契約）と判別される契約形態として、まずは、「①注文者の要求に基づいて請負者が物品等を製作することを目的とした契約」があります。たと

えば、建物の建築工事やソフトウエア開発、洋服の仕立てなどです。これは、注文者が材料の全部や一部を提供する場合、逆に請負者の材料を使って一定の物品等を製作する場合なども含まれます。

続いて、「②一定の物品を一定の場所に取り付け、所有権が移転さ

■ 請負契約についての印紙税額

番号	文書の種類	印紙税額（1通又は1冊につき）	主な非課税文書
2	**請負に関する契約書** (注)請負には、職業野球の選手、映画(演劇)の俳優(監督・演出家・プロデューサー)、プロボクサー、プロレスラー、音楽家、舞踊家、テレビジョン放送の演技者（演出家、プロデューサー)が、その者としての役務の提供を約することを内容とする契約を含みます。 (例)工事請負契約書、工事注文請書、物品加工注文請書、広告契約書、映画俳優専属契約書、請負金額変更契約書など	記載された契約金額が 1万円以上　100万円以下のもの200円 100万円を超え200万円以下のもの400円 200万円を超え300万円以下のもの　1千円 300万円を超え500万円以下のもの　2千円 500万円を超え　1千万円以下のもの　1万円 1千万円を超え　5千万円以下のもの　2万円 5千万円を超え　1億円以下のもの　6万円 1億円を超え　5億円以下のもの10万円 5億円を超え　10億円以下のもの20万円 10億円を超え　50億円以下のもの40万円 50億円を超えるもの　60万円 契約金額の記載のないもの　200円	記載された契約金額が1万円未満のもの
	上記の「請負に関する契約書」のうち、建設業法第2条第1項に規定する建設工事の請負に係る契約に基づき作成されるもので、平成9年4月1日から令和4年3月31日までの間に作成されるものについては、契約書の作成年月日及び記載された契約金額に応じ、右欄のとおり印紙税額が軽減されています。 (注) 契約金額の記載のないものの印紙税額は、本則どおり 200 円となります。	**【平成26年4月1日～令和4年3月31日】** 記載された契約金額が 1万円以上200万円以下のもの200円 200万円を超え300万円以下のもの500円 300万円を超え500万円以下のもの　1千円 500万円を超え1千万円以下のもの5千円 1千万円を超え5千万円以下のもの　1万円 5千万円を超え　1億円以下のもの　3万円 1億円を超え　5億円以下のもの　6万円 5億円を超え　10億円以下のもの16万円 10億円を超え　50億円以下のもの32万円 50億円を超えるもの　48万円	

※国税庁「印紙税額一覧表」（令和2年4月現在）より一部を抜粋して掲載。
左列の番号「2」とは第2号文書のこと。

れることを目的とした契約」があります。たとえば、大型機械の取り付けなどです。また、建物や機械の修理、洋服のリフォームを行うような「③修理や加工を目的とした契約」があります。

これらに該当する契約を書面にする場合、第２号文書の請負に関する契約書として扱います。また、プロ野球選手をはじめ、アーティスト、俳優などの専属契約書も請負に関する契約書として扱われます。

請負に関する契約書に該当する場合は、貼付する印紙は契約書に記載された契約金額によって異なります。

前述した①の契約の場合は請負金額、②の契約の場合は取付料、③の契約の場合は修理金額や加工金額、によって契約金額を判断するといった具合です。ただし、保守契約などのように月単位で請負契約が記載されている場合は、月額に契約月数を乗じるなどして、総額を求める必要があります。なお、②の契約の場合、取付料と物品そのものの価額が区分されていなければ、必要以上の印紙税額となるので、取付料と物品の価額を区分し、明瞭に記載する方が適切です。

「継続的取引の基本となる契約書」との関係

一般的に継続的取引の基本となる契約書とは、契約者間で継続して行われる取引について、共通して適用される基本的項目をあらかじめ定めた契約書のことです。簡単に言うと、複数行われる取引の基盤となる約束事を定めた契約書です（契約期間が３か月以内で、かつ更新の定めのないものは除かれます）。「継続的取引の基本となる契約書」（第７号文書）に該当する場合、印紙税額は１通につき4,000円です。

請負の取引に関する契約書については、継続的取引の基本となる契約書とするべきか、請負契約書（第２号文書）とするべきか、判断に迷うことがあります。この場合、継続する請負で契約金額の記載のある場合は、第２号文書と判断され、継続する請負で契約金額の記載のないものは、第７号文書と判断されます。

書式
1
請負基本契約書

請負基本契約書

第１条（目的及び適用範囲） 本契約は、甲乙間の業務請負取引に関する基本的事項について定め、甲乙間で締結される請負個別契約（以下「個別契約」という）のすべてに適用するものとする。

第２条（個別契約） 個別契約は、本契約に基づき、請負業務の内容、請負金額、請負業務の実施方法、成果物の納入期限等、必要な事項につき、別途定めるものとする。

第３条（請負人の責任） 乙は、甲に対し、請負業務の完成についてすべての責任を負うものとする。

第４条（契約業務の履行） 乙は、本契約及び個別契約の定めるところにより、請負業務を遂行するにあたり、乙若しくは、乙が雇用契約を締結する乙の従業員により誠実に業務を履行し、成果物を納入する。

第５条（再請負の禁止） 乙は、本契約及び個別契約に基づく請負業務を第三者に再請負又は再委託してはならない。ただし、甲により事前の承諾を得た場合はこの限りではない。

第６条（指揮命令） 本契約及び個別契約による業務の遂行において、甲は、乙の雇用する従業員に対し、直接指揮命令をしてはならず、現場での調整が必要な場合は、必ず乙の作業責任者に指示し、又は協議する。

第７条（労働法の遵守） 乙は、従業員の雇用に関し、労働基準法、労働安全衛生法等の労働関連法令を遵守しなければならない。

２　甲は、作業場所、機械設備等を乙に提供する場合は、労働関連法令に定めるところにより、必要な措置をとるものとする。

第８条（作業場所） 本契約及び個別契約による業務の遂行における作業場所は個別契約に定める。

第９条（機械設備・原材料の負担） 本契約及び個別契約による業務の遂行において、乙が必要とする機械設備原材料は、乙が、自らの負担により調達するものとする。ただし、甲が調達することを申し出た場合においては、この限りではない。

第10条（情報提供） 甲は、本契約及び個別契約に基づく請負業務の遂行のために必要な情報を乙に提供するものとする。

2　乙は、甲より提供された情報を、次の各号の一に該当するものを除き、本契約及び個別契約に基づく請負業務の遂行の目的以外に使用してはならない。

①　甲が乙に提供する以前から所有していたもの

②　甲が乙に提供する以前から公知のもの

③　甲が乙に提供した後に、乙の責めによらない事由により公知となったもの

第11条（報告義務） 乙は、甲の求めがあるときは、業務の遂行に関しての情報を速やかに報告しなければならない。

2　乙は、天災その他やむを得ない理由により業務の遂行に支障となる問題が生じたときは、甲に対し速やかに報告しなければならない。

第12条（成果物の納入） 乙は、成果物を納入する場合は、個別契約で定める方法によるものとし、甲は、これに協力するものとする。

第13条（検査及び検収） 甲は、納入された成果物を個別契約に定める検査期間内に検査し、乙に対し、その結果を書面にて速やかに通知するものとする。

2　前項の検査期間内に検査結果が通知されない場合は、納入された成果物は検査に合格したものとみなす。

3　前２項の定めによる合格をもって検収とする。

第14条（保証） 乙は、個別契約で定める保証期間内において、成果物に種類、品質又は数量において本契約及び個別契約の内容に適合しないもの（以下「不適合」という）が発見された場合においては、乙の負担にて不適合を修補するものとする。

第15条（権利の帰属） 本契約及び個別契約に基づく請負業務における成果物並びに成果物に付随する一切の権利は甲に帰属し、乙は、速やかに甲に権利を移転しなければならないものとする。

第16条（権利譲渡の禁止） 甲及び乙は、相手方から書面による事前の承諾を得ない限り、本契約又は個別契約から生ずる権利又は義務を第

三者に譲渡若しくは継承し、又は質入等の担保に供してはならない。

第17条（秘密保持） 甲及び乙は、本契約の有効期間内のみならず、その終了後においても、本契約及び個別契約に関して知り得た営業上、技術上の秘密並びに個人情報を、正当な理由なく第三者に開示又は漏えいしてはならない。

第18条（契約期間及び更新） 本契約の有効期間は、本契約締結の日より１年間とし、期間満了の３か月前までにいずれかの当事者より書面による別段の申し出がないときは、さらに１年間延長するものとし、以後も同様とする。

第19条（契約解除） 甲及び乙は、相手方が本契約又は個別契約の定めに違反し、相当の期間を定めて是正を催告したにもかかわらず、是正されない場合には、本契約の解除ができるものとする。

2 甲及び乙は、次の各号の一に該当する事由が生じた場合には、相手方への催告を要せず、直ちに本契約の解除ができるものとする。

① 相手方の故意又は重大な過失により重大な損害を受けたとき

② 相手方の故意又は過失により請負業務の遂行に重大な支障が生じたとき

③ 相手方が、監督官庁より営業許可の取消又は停止等の処分を受けたとき

④ 相手方が、手形・小切手の不渡りを出し、銀行取引停止処分を受けたとき

⑤ 相手方が、差押、仮差押、仮処分等の財産上の信用に関わる処分を受けたとき

⑥ 相手方について、破産、民事再生、会社更生、特別清算の申立てがあったとき

第20条（損害賠償責任） 甲及び乙は、相手方が本契約又は個別契約の定めに違反して、相手方に損害を与えたときは、相手方に対し、その損害を賠償するものとする。

第21条（合意管轄） 甲及び乙は、本契約又は個別契約より生じる紛争については、甲の本店所在地を管轄する地方裁判所又は簡易裁判所を第一審の専属的管轄裁判所とする。

第22条（協議事項）本契約に定めのない事項又は解釈に疑義が生じた事項については、甲乙協議の上、解決するものとする。

本契約の成立を証するため本書２通を作成し、甲及び乙は記名押印の上、各自１通を保有する。

令和○年○月○日

（甲）東京都○○区○○町○丁目○番○地
○○株式会社
代表取締役　○○○○　㊞

（乙）東京都××区××町×丁目×番×地
××株式会社
代表取締役　××××　㊞

Point

請負契約は、注文者と請負人で、業務の内容や報酬などを決定して締結する契約である。請負契約の特徴として、同じ当事者間で反復・継続して取引することがあり、そのつど契約書を作っていては管理が煩雑である。そこで、反復・継続される取引について、契約手続きの簡素化のため、共通した取引条件をあらかじめ基本契約で定めておき、具体的な業務の内容や報酬など、取引ごとに異なる項目だけを個別契約で定める。また、反復・継続して行われる取引以外でも、業務の遂行に複雑なプロセスを経る取引においては、基本契約で全体のルールを決定し、プロセスの進行に合わせて個別契約を締結する方法が有効である。

なお、印紙税については、請負基本契約書は、請負契約書であると同時に継続的取引の基本となる契約書でもある。この場合、契約書に契約金額の記載があれば請負契約書として扱う。契約金額の記載がなければ継続的取引の基本となる契約書として4000円の収入印紙を貼付する。

書式
2 請負個別契約書（スポット契約）

請負個別契約書

○○株式会社（以下「甲」という）と××株式会社（以下「乙」という）は、甲乙間において、令和○年○月○日付で締結した請負基本契約（以下「基本契約」という）に基づき、次の通り請負個別契約（以下「本契約」という）を締結する。

第１条（請負契約の内容） 甲は、乙に対し、次の各号に定める業務につき発注し、乙はこれを請け負う。

① ○○○○

② ○○○○

③ ○○○○

第２条（納期） 本契約における請負業務の納期は令和○年○月○日までとする。

第３条（請負金額と支払方法） 本契約における請負金額及び支払方法は、次の通りとする。

請負金額：金○○円とする。

支払方法：甲は、本契約第８条で定める検査をし、合格を確認した日から１か月以内に、乙の指定する銀行口座に請負金額を振り込むものとする。ただし、振込手数料は乙の負担とする。

第４条（作業場所） 本契約において乙が請負業務を遂行する場所は次の通りとする。

東京都××区××町×丁目×番×地

××株式会社内

第５条（機械設備・原材料の負担） 本契約における請負業務に必要な機械設備及び原材料は乙が調達し、その費用は乙が負担する。

第６条（作業責任者） 乙は、本契約における請負業務の遂行にあたり、作業責任者を選任し、速やかに甲に届け出るものとする。

２　前項に定める作業責任者に事故があるときは、乙は、速やかに代行者を選任し、甲に届け出るものとする。

第７条（納入方法） 乙は、本契約における請負業務の成果物を納入する際は、事前に甲に連絡をし、下記の場所において、甲の指定する方法で納入するものとする。

東京都○○区○○町○丁目○番○地
○○株式会社内

第８条（検査及び検査期間） 甲は、前条により納入された成果物を、納入された日の翌日から起算して○日以内に検査をし、その結果を書面にて乙に通知するものとする。

第９条（保証期間） 乙は、前条により合格とされた後も、納入された日の翌日から起算して○か月の間は、その成果物により発見された不適合（種類、品質又は数量において本契約及び基本契約の内容に適合しないものをいう。以下同じ）について責任を負うものとし、不適合がある場合は直ちに無償で修補しなければならない。ただし、納入後に甲の仕様が変更されたことにより生じた不適合についてはこの限りではない。

第10条（契約の解除） 甲及び乙は、相手方が本契約の定めに違反し、相当の期間を定めて是正を催告したにもかかわらず、是正されない場合には、本契約の解除ができるものとする。

２　甲及び乙は、基本契約が契約解除となる事由が相手方に生じた場合、相手方に対し何らの催告をすることなく、直ちに本契約の解除ができるものとする。

第11条（特約事項） 甲及び乙は、基本契約の定めにかかわらず、本契約の定めによる請負業務においては、次の通り特約を定めるものとする。

①　○○○○
②　○○○○
③　○○○○

第12条（協議事項） 本契約に定めのない事項又は解釈に疑義が生じた事項については、甲乙協議の上、解決するものとする。

本契約の成立を証するため本書２通を作成し、甲及び乙は記名押印の上、各自１通を保有する。

令和○年○月○日

（甲）東京都○○区○○町○丁目○番○地
○○株式会社
代表取締役　○○○○　㊞
（乙）東京都××区××町×丁目×番×地
××株式会社
代表取締役　××××　㊞

Point

請負契約は、注文者の注文により請負人が仕事を完成させる契約である。同じ当事者間で反復・継続して取引する場合、「請負基本契約」を締結し、取引が発生するごとに「請負個別契約」を締結する。個別契約では、基本契約で締結した内容を取り決める必要がなく、実際に発生した取引の具体的な内容を取り決めればよいことになる。特にその契約内容が１回の取引、つまり１回の成果物の納入で完結する場合、どの時点で請負業務が完了となるのかを明確に定めておく必要がある。

このような契約では、納入される成果物が最大の目的となるので、成果物の内容だけでなく、納期が守られているか、納入された成果物の品質が注文者の求めるものであるか、数量の不足がないか、といったことが実際の取引において重要なポイントになる。そのため、納期、検査（検品）といった項目を明確に定め、報酬の支払いについて定めるときも、納期、検査（検品）と関連付けて定めることになる。

なお、請負個別契約書（スポット契約）を作成する際には、契約書に記載された契約金額に従い、収入印紙を貼付する。

請負個別契約書（継続契約）

請負個別契約書

〇〇株式会社（以下「甲」という）と××株式会社（以下「乙」という）は、甲乙間において、令和〇年〇月〇日付で締結した請負基本契約（以下「基本契約」という）に基づき、次の通り請負個別契約（以下「本契約」という）を締結する。

第１条（請負契約の内容） 甲は、乙に対し、次の各号に定める業務につき発注し、乙はこれを請け負う。

① 〇〇〇〇

② 〇〇〇〇

③ 〇〇〇〇

第２条（契約期間） 本契約は、令和〇年〇月〇日から令和〇年〇月〇日までとする。ただし、期間満了の３か月前までにいずれかの当事者より書面による別段の申し出がないときは、さらに１年間延長するものとし、以後も同様とする。

第３条（請負金額と支払方法） 本契約における請負金額及び支払方法は、次の通りとする。

① 請負金額　月額　金〇〇円とする。

② 支払方法　甲は、乙に対し、業務の終了した月の翌月10日までに乙の指定する銀行口座に請負金額を振り込むものとする。ただし、振込手数料は乙の負担とする。

第４条（作業場所） 本契約において乙が請負業務を遂行する場所は次の通りとする。

東京都〇〇区〇〇町〇丁目〇番〇地

〇〇株式会社内

第５条（機械設備・原材料の負担） 本契約における請負業務に必要な機械設備及び原材料は乙が調達し、その費用は乙が負担する。

第６条（作業責任者） 乙は、本契約における請負業務の遂行にあたり、作業責任者を選任し、速やかに甲に届け出るものとする。

２　前項に定める作業責任者に事故があるときは、乙は、速やかに代行者を選任し、甲に届け出るものとする。

第７条（作業時間） 乙は、本契約における請負業務を遂行する従業員の作業時間につき、始業、終業及び休憩時間を記録するものとする。

第８条（作業報告） 乙は、毎月の作業時間及び作業内容を、翌月○日までに甲に報告するものとする。

第９条（保証期間） 乙は、前条により報告された作業について、報告された日の翌日から起算して○か月の間は、作業内容に不適合（種類、品質又は数量において本契約及び基本契約の内容に適合しないものをいう。以下同じ）が発見された場合、直ちに無償にて修補しなければならない。

第10条（契約の解除） 甲及び乙は、相手方が本契約の定めに違反し、相当の期間を定めて是正を催告したにもかかわらず、是正されない場合には、本契約の解除ができるものとする。

２　甲及び乙は、基本契約が契約解除となる事由が相手方に生じた場合、相手方に対し何らの催告をすることなく、直ちに本契約の解除ができるものとする。

第11条（特約事項） 甲及び乙は、基本契約の定めにかかわらず、本契約の定めによる請負業務においては、次の通り特約を定めるものとする。

①　○○○○

②　○○○○

③　○○○○

第12条（協議事項） 本契約に定めのない事項又は解釈に疑義が生じた事項については、甲乙協議の上、解決するものとする。

本契約の成立を証するため本書２通を作成し、甲及び乙は記名押印の上、各自１通を保有する。

令和○年○月○日

（甲）東京都○○区○○町○丁目○番○地
○○株式会社
代表取締役　○○○○　㊞
（乙）東京都××区××町×丁目×番×地
××株式会社
代表取締役　××××　㊞

Point

請負契約で、一定の成果物を納入する契約の中でも、一定の期間継続して成果物を納入したり、一部の工程のみを継続して請け負ったりするような契約がある。このような契約の場合、スポット契約のように「納期」が１回ではないため、契約書には明確に定められないことが多く、契約期間として取引を継続する期間を定める。

この契約も同じ当事者間で反復・継続して取引する場合が多く、別に「請負基本契約」を締結し、取引が発生するごとに「請負個別契約」を締結する。この契約形態は「業務委託契約」と取引態様が似ており、その境界線は曖昧なところが多いが、主として何らかの成果物の納入といった仕事の完成を契約の目的にする場合には請負契約となる。取引形態としては、「商品仕入」に近い形態である。

その成果物の数量は一取引の期間内においても、前後することもあり、契約書には定めずに注文ごとに定めることがある。その場合、契約の目的が曖昧になってしまうため、契約書には、契約期間や作業報告などについての定めをし、間接的に成果物の納入という履行の確保を定める。納入後早期に注文者が検査などを行わず、そのために不適合の発見が遅れると、権利関係が不安定な状態が続くことになるため、保証期間を設定し、修補義務に一定の期限を設けることが重要である。

なお、請負個別契約書（継続契約）を作成する際には、契約書に記載された契約金額に従い、収入印紙を貼付する。

書式
4
アウトソーシング契約書

アウトソーシング・サービス契約書

○○株式会社（以下「甲」という）と株式会社○○（以下「乙」という）は、甲が乙に委託する運用サービス業務に関して、以下の通り契約（以下「本契約」という）する。

第１条（目的） 甲は乙に対し、甲の基幹となるコンピュータシステム（以下「情報システム」という）の運用サービス業務を委託し、乙はこれを承諾する。

２ 甲は乙に対し、運用サービス業務の対価として委託料を支払う。

３ 甲及び乙は、運用サービス業務の遂行のために甲乙双方の共同作業・分担作業が必要とされることを認識し、それを誠実に実行に移し、誠意をもって相互に協力する。

第２条（定義） 本契約で使用する用語について、次の通り定義する。

① 「運用サービス業務」とは、コンピュータ資源を利用して、乙が情報システムを運用・管理し、甲に対して、あらかじめ定めた情報処理サービスを提供することをいう。

② 「コンピュータ資源」とは、情報システムのインフラストラクチャーを構成するコンピュータその他のハードウェア、ソフトウェア、データベース、通信回線、什器、備品、センター設備等を総称する。

第３条（業務の範囲） 運用サービス業務は、本契約及び運用マニュアルに基づく、情報処理サービス提供、コンピュータ資源の管理、及び情報システム利用者のサポートを含む業務とする。

第４条（業務遂行責任者） 甲及び乙は、本契約締結後、速やかに、運用サービス業務を円滑に推進するため、それぞれ業務遂行責任者１名を選任し、相互に書面により相手方に通知する。なお、業務遂行責任者の変更を行ったときも同様とする。

２ 甲及び乙は、相手方との連絡、確認等、及び相手方に対する依頼、要請、指示等は、原則として業務遂行責任者を通じて行うものとする。

第5条（協議機関） 甲及び乙は、運用サービス業務の進捗状況の報告、問題点の協議・解決、その他運用サービス業務の推進に必要な事項を協議するため、協議機関を設け、定期的にこれを開催する。

2　甲及び乙は、協議機関で合意・決定した事項については、これに従わなければならない。

3　甲及び乙は、運用サービス業務の遂行に際し、障害、トラブル等の問題が発生したことを知ったときは、直ちに自らの業務遂行責任者を窓口として相手方の業務遂行責任者に連絡し、問題解決のために必要であれば、速やかに協議機関において協議を行い、これに対処する。

第6条（対価） 甲は、運用サービス業務の対価として、別紙記載の運用サービス委託料を乙に支払う。

2　経済情勢の著しい変動によって運用サービス委託料が不相当となり、変更の必要が生じた場合、又は運用サービス業務の範囲及び運用マニュアルで定められた範囲の変更があった場合、本契約期間中であっても甲乙双方協議の上、運用サービス委託料を変更することができる。

第7条（データの取扱い） 乙は、甲のデータを取り扱うときは、本契約及び運用マニュアルに基づき、使用、処理及び保管を行い、本契約の目的以外に一切使用してはならない。

第8条（追加サービス） 甲が、第3条に定める運用サービス業務の範囲及び運用マニュアルで定められた範囲を超えて、新たなサービス（以下「追加サービス」という）を受けることを希望する場合、甲は乙に対し、希望する日の○日前までにその旨を書面で申し入れる。

2　乙は、前項の申入れを受けたときは、可能な範囲内で追加サービスの提供に応じるものとし、追加サービスの対価、条件その他については、甲乙双方協議の上、決定する。

第9条（業務の一時停止） 乙は、コンピュータ資源及び通信回線等の保守、その他工事等により、運用サービス業務を一時的に停止しなければならないときは、事前にその旨を甲に通知することにより、運用サービスを一時停止することができる。ただし、緊急やむを得ない場合は、乙は、事後の速やかな報告によって、事前の通知に代えることができる。

第10条（再委託） 乙は、運用サービス業務の全部又は一部を第三者に再委託するときは、甲の事前の書面による承諾を得なければならない。

2　乙は、前項に基づき第三者に運用サービス業務を再委託した場合、当該第三者に本契約の定めを遵守させなければならない。

3　乙は、第1項の第三者が本契約に違反した場合であっても、本契約に定める義務を免れることはできない。

第11条（譲渡禁止） 甲及び乙は、相手方の事前の書面による承諾を得た場合を除き、本契約に基づく権利義務の全部又は一部を譲渡し、又は担保に供してはならない。

第12条（知的財産権） 運用サービス業務遂行の過程において行われた発明、創作等によって生じた特許権、著作権その他の知的財産権（著作権法27条及び28条の権利並びにノウハウを含む）は、乙から甲に対して譲渡される。この場合、乙は、当該譲渡のための登録その他手続について、甲に協力しなければならない。

第13条（秘密保持） 甲及び乙は、本契約に基づき取得した相手方の営業上又は技術上の秘密については、次の各号に該当するものを除き、本契約期間中及びその終了後も、相手方の事前の書面による承諾を得ることなく、第三者に対して開示、漏えいしてはならない。

①　自らの責めによらずに公知となった情報
②　権限ある第三者から取得した情報
③　相手方から開示される前から合法的に保有している情報
④　独自に開発した情報
⑤　裁判所又は権限ある行政機関から提出を命じられた情報
⑥　法令等の定めるところにより開示された情報

第14条（解約） 甲及び乙は、第16条で規定する契約期間の満了前に本契約を解約しようとする場合、その3か月前までに相手方に対して、書面により解約の申入れをしなければならない。

第15条（契約解除） 甲又は乙は、相手方が次の各号のいずれかに該当した場合は、何らの催告を要せず、直ちに本契約を解除することができる。

①　本契約に違反した場合に、相当の期間を定めて是正を勧告したにもかかわらず、当該期間内に是正を行わないとき

② 営業停止、営業取消等の行政処分を受けたとき
③ 税の納付に関し滞納処分を受けたとき
④ 差押、仮差押、仮処分等を受けたとき
⑤ 手形又は小切手につき不渡り処分を受けたとき
⑥ 破産、民事再生又は会社更生の手続開始の申立てを行ったとき、又はこれらの申立てが第三者からなされたとき
⑦ 会社の組織について、解散、合併、会社分割、又は事業の全部若しくは重要な一部の譲渡を決議したとき

2 前項に基づいて本契約が解除された場合、帰責事由のある当事者は、相手方に対して、本契約の解除により相手方が被った損害を賠償しなければならない。

第16条（契約期間） 本契約の期間は、令和○年○月○日から令和○年○月○日までとする。ただし、期間満了の3か月前までに甲乙双方から別段の意思表示がないときは、同一の条件によって自動的に1年間更新するものとし、以後も同様とする。

第17条（契約終了後の措置） 乙は、本契約が終了した場合、甲から貸与・提供を受けた資料等を遅滞なく甲に返還しなければならない。

2 甲は、本契約が終了した場合、乙から提供を受けたコンピュータ資源の使用を直ちに終了しなければならない。

3 乙は、本契約が終了した場合、甲又は甲の指名する者に対し、乙が本契約に基づき運用・管理していた運用サービス業務を円滑に移管することに協力する。

第18条（裁判管轄） 甲及び乙は、本契約に関する一切の紛争に関しては、東京地方裁判所又は東京簡易裁判所を第一審の専属的管轄裁判所とすることに合意する。

第19条（双方協議） 本契約に定めのない事項又は本契約の条項に解釈上の疑義が生じた事項については、甲乙双方協議の上、解決する。

本契約の成立を証するため、本書2通を作成し、甲乙記名押印の上、各1通を保有する。

令和○年○月○日

（甲）東京都○○区××○丁目○番○号
○○株式会社
代表取締役　○○○○　㊞
（乙）東京都○○区××○丁目○番○号
株式会社○○
代表取締役　○○○○　㊞

Point

1　どんな契約なのか

アウトソーシング契約とは、ある企業で行っている業務の一部を、専門性の高い別の企業に担ってもらう契約で、たとえば、派遣契約、出向契約、請負契約、委任契約などがある。本書式は、サンプルとして情報システムの運用サービス業務を委任する場合のアウトソーシング契約の書式例を掲載している。業務の範囲や方法、納品期限などに関する両者の認識の相違により、後にトラブルに発展するという事態を避けるためには、事前に契約書を作成し、条件について両者の認識を共有しておく必要がある。

2　どのようなことを規定するのか

アウトソーシング契約を結ぶ際に、その契約書に記載する内容として挙げられるのは、①業務の内容と範囲、②納品する成果物がある場合はその納品方法、③契約期間、④報酬と支払時期、支払方法、⑤契約解除の理由などである。秘密保持や守秘義務については、同業他社とも契約する可能性を考慮し、「契約期間終了後も守秘義務は継続して課せられる」という内容を盛り込むかどうかを検討する必要がある。また、発注した企業からすれば、アウトソーサーの業務形態や進捗状況がわかりにくい状態になることもあるため、必要に応じて報告義務などを課す条項を契約書に盛り込んでおくとよい。なお、損害賠償の条項を設ける際には、どのような事態が起こった場合にどんな損害が発生するのか、また、どの程度の賠償額を請求するのかを、できるだけ具体的に示しておくべきである。

秘密保持契約書

秘密保持契約書

委託者株式会社○○（以下「甲」という）と受託者株式会社○○ソフトサービス（以下「乙」という）とは、以下の通り秘密保持契約を締結するものとする。

第1条（目的） 本契約は、甲乙間において締結した令和○年○月○日付業務委託契約（以下「原契約」という）に伴い、乙が知り又は知り得た甲の秘密情報を保持することを目的として締結されるものである。

第2条（定義） 秘密情報とは、甲が秘密として指定した乙の管理する情報をいう。ただし、次の各号に定めるものは除くものとする。

① 乙が原契約の締結前よりすでに保有していた情報

② 乙が秘密保持義務を負うことなく第三者から適法かつ正当に入手した情報

③ 乙が独自に開発した事項に関する情報

④ 甲が公表することを承諾した情報

⑤ すでに公知となっている情報

⑥ 開示後に公知となった情報

第3条（秘密保持義務） 乙は、前条に規定する秘密情報を保持しなければならない。

2 乙は、秘密情報を複製又は複写してはならない。

3 乙は、原契約の履行のため、秘密情報を複製又は複写する必要がある場合には、事前に、甲の承認を得なければならない。この場合、乙は、甲に対し、複製又は複写する範囲・数量等、甲が要求する事項を記載して書面により通知しなければならない。

第4条（秘密情報の取扱い） 乙は、原契約に定める利用目的に必要な範囲内で、所定の担当者によってのみ、秘密情報を取り扱うことができるものとする。

第５条（秘密情報の取扱いの再委託） 乙は、次項に該当する場合を除き、秘密情報の取扱いを、第三者に再委託してはならない。

２ 乙は、原契約の履行のため、秘密情報の取扱いを再委託する必要がある場合は、事前に、甲の承認を得なければならない。この場合、乙は、甲に対し、再委託業務の内容、再委託先の詳細等、甲が要求する事項を記載して書面により通知しなければならない。

第６条（安全管理体制の整備） 乙は、甲の個人情報保護コンプライアンス・プログラムに合致する秘密情報の安全管理体制を整えなければならない。

第７条（報告及び監査） 乙は、甲に対し、秘密情報の取扱状況につき、毎月１回以上、定期的に報告を行い、甲は、事前に通知することなく、監査を行うことができる。

第８条（責任分担） 乙の故意又は過失を問わず、秘密情報の漏えい等の事故が発生した場合には、乙は、甲に対し、速やかに当該事故の事実を報告し、適切な措置を講じなければならない。

２ 前項の事故を原因として、秘密情報の主体等から甲が損害賠償責任等の追及を受けた場合には、乙が、これを負担するものとする。

第９条（期間） 本契約の有効期間は、令和○年○月○日から令和○年○月○日までとする。

第10条（解除） 甲は、乙が本契約で規定する条項の一つに違反した場合には、事前の予告なく、原契約を解除することができる。

第11条（秘密情報の返還又は廃棄） 乙は、原契約の履行が終了した場合は、甲から提供を受けた秘密情報及びその複製物並びに複写物のすべてを甲に返還し、又は廃棄するものとする。

第12条（合意管轄） 本契約に関して、甲乙間に生じる一切の紛争は○○地方裁判所を第一審の専属的合意管轄裁判所とする。

本契約の成立を証するため、本書２通を作成し、甲乙署名又は記名押印の上、各１通を保管するものとする。

令和○年○月○日

（甲）東京都○○区××○丁目○番○号
株式会社○○
代表取締役　○○○○　㊞
（乙）東京都○○区××○丁目○番○号
株式会社○○ソフトサービス
代表取締役　○○○○　㊞

Point

1　どんな契約なのか

秘密保持契約（機密保持契約）とは、企業が秘密情報を開示した場合に、その情報を外部に漏らさないことを約束させる契約である。業務委託などで他社に自社の業務を委託する場合には自社の秘密情報が漏えいする可能性があるため、このような秘密保持契約を締結し、相手の会社にも秘密情報を厳重に管理してもらうことが不可欠である。契約書には、秘密保持契約の対象となる秘密の範囲と義務を負う者について明らかにする。秘密保持の期間については、あまりに長期間だと受託者側の負担が過大になることもあるため、相手方と調整することが必要である。その他、業務委託契約の種類・性質・内容に応じて、秘密保持のためのさまざまな措置について規定することになる。

2　従業員との間の秘密保持契約

企業の秘密保持は、業務委託などで他社に自社の業務を委託する場合の他に、勤務する従業員との関係でも問題になる。また、秘密保持契約とは別に、退職後に同業の会社に勤めたり、同業の会社を設立することを禁止する契約を結ぶこともある。従業員との間で秘密保持契約を結ぶタイミングは、①入社時、②在職中（特定のプロジェクトへの参画時など）、③退職時が考えられるが、退職時であれば、その従業員が持っている情報の内容や範囲も明確になっているので、より特定された秘密保持契約を締結することができる。ただし、退職者の職業選択の自由や営業活動の自由を阻害しないように注意する必要がある。

8 下請事業者に交付する発注書面について知っておこう

トラブル防止のためには必要

なぜ契約書を作成するのか

契約は、双方の合意があれば、原則として口頭の約束だけでも成立します。ただ、口頭の約束だけで契約すると、どこからどこまでを仕事の内容とするか、納期は何月何日の何時であったか、代金はいくらで、いつ、どこに、どのような形で支払われるのかなど、細かい部分があいまいになりがちです。このような場合、お互いが自分の都合のいいように解釈してしまいがちです。双方の理解に食い違いがあると、「言った言わない」の争いが起こる可能性が高くなります。特にビジネスの場においては、小さな勘違いが損害賠償請求といった大きなトラブルにもつながりかねません。このようなリスクを避けるため、契約の際には契約書を作成し、当事者双方が一部ずつ保管しておくのが一般的です。

どんな規制があるのか

下請事業者が親事業者から依頼を受けて作業する際、「とりあえず始めておいてくれ」「○○円ぐらいの金額でやってほしい」などあいまいな指示が出されたとしても、下請事業者は立場上、「先に金額の提示をしてくれ」「具体的な指示をしてくれ」といった要求を出しにくいのが実情です。しかし、そのまま作業を進めてしまうと、簡単にキャンセルされる、予定より安い価格で買いたたかれる、といった事態が生じる可能性があります。

このような状況について、下請法が適用される場合（30ページ）には、下請契約を締結する際に、親事業者から下請事業者に対して発注書面（３条書面）を交付することが義務付けられます。下請契約の内容を書面によって明確にすることで、下請事業者が不当な扱いを受けないよう保護しようとしているわけです。

発注書面にはどんなことを記載するのか

発注書面は注文書のことだと考えてよいでしょう。その様式については、具体的な規定はなく、親事業者が自由に定めることができます。ただし、発注書面に記載すべき内容は、下請法３条で以下のように定められています。

①下請事業者の給付の内容、②下請代金の金額、③支払期日及び支払方法、④その他の事項

詳細は公正取引委員会が定める規則（下請代金支払遅延等防止法第３条の書面の記載事項等に関する規則）が定めています。書面に代えて電磁的記録（PDFなどの電子データ）での提供も認められますが、事前にどのような形で発注を行うかを下請事業者に提示し、書面などでその承諾を得ることが必要とされています。

記載事項や交付時期について

公正取引委員会の規則で規定されている発注書面の記載事項には、以下のようなものがあります。

① 親事業者及び下請事業者の商号・名称
② 製造委託等（製造委託・修理委託・情報成果物作成委託・役務提供委託）をした日
③ 下請事業者の給付（または役務の提供）の内容
④ 下請事業者の給付を受領する（または下請事業者が役務を提供する）期日・場所

⑤　下請事業者の給付の内容について検査をする場合は、その検査を完了する期日
⑥　下請代金の金額・支払期日
⑦　下請代金の全部または一部の支払につき手形を交付する場合は、その手形の金額及び満期
⑧　下請代金の全部または一部を一括決済方式で支払う場合は、当該金融機関の名称、当該金融機関から貸付けまたは支払を受けることができる額、親事業者が下請代金の額に相当する金銭を当該金融機関に支払う期日
⑨　下請代金の全部または一部を電子記録債権で支払う場合は、当該電子記録債権の額、当該電子記録債権の支払期日
⑩　原材料等を親事業者から購入させる場合は、その品名、数量、対価及び引渡しの期日並びに決済の期日及び方法

親事業者は、下請事業者に発注をした段階で、直ちにこれらの内容を記載した発注書面を交付しなければなりません。ただし、発注の段階で内容が決められないことに正当な理由がある場合には、決まっていない部分を記載せずに発注書面の交付ができます。記載しなかった事項については、その内容が決まった時点で、直ちに当該事項を記載した補充書面を作成・交付しなければなりません。

発注書面が交付されなかったときは

親事業者が下請法３条の規定に反して発注書面を交付しなかった場合、50万円以下の罰金が科せられます。なお、親事業者が発注書面を発行しなかった場合でも、下請契約の成立そのものに影響はありません。たとえば、親会社からの注文を受けて、子会社が発注書面を受け取らないまま作業を行い、後になって親会社が「口約束をしただけで、発注書面を発行していないのだから契約は無効だ」などと主張することはできません。

書式6 下請事業者に交付する情報成果物作成委託に関する発注書面

注　文　書

令和○年○月○日

＿＿＿＿＿＿＿＿殿

○○○株式会社

品名及び規格・仕様等

納　期	納入場所	検査完了期日

数量(単位)	単価(円)	代金(円)	支払期日	支払方法

○　本注文書の金額は，消費税・地方消費税抜きの金額です。支払期日には法定税率による消費税額・地方消費税額分を加算して支払います。

Point

本書式は、下請法３条に基づいて親事業者が下請事業者に交付する情報成果物作成委託の注文書の書式例である。下請代金については、本体価格だけではなく、消費税の額についても明示する。また、下請代金から振込手数料を差し引く場合には、その旨を記載する必要がある。納入場所については、どの場所で受渡しをするかについて具体的に詳しく記載する。品名・規格・仕様については、下請事業者が作業内容を理解できるように記載し、必要があれば、別紙で設計図などを添付する。検査完了期日については、年月日を記載することもでき、納品後○日といった形で記載することもできる。支払期日については、原則として年月日で記載する。「納品後○日以内」といった形での記載は認められていない。

書式 7

下請事業者に交付する役務提供委託に関する発注書面

作　業　依　頼　書

＿＿＿＿＿＿＿＿殿

○○○株式会社

注文年月日	委託内容	委託期間（日）

場所	代金（円）	支払期日	支払方法

○　作業依頼書の金額は、消費税・地方消費税抜きの金額です。支払期日には法定税率による消費税額・地方消費税額分を加算して支払います。

Point

役務提供委託とは、顧客へのサービスの提供（役務提供）を他の事業者に委託することをいう。下請代金については、本体価格だけではなく消費税の額についても記載し、振込手数料を下請代金から差し引く場合にはその旨を明示する。委託期間については、「○月○日から○月○日まで」というように具体的に記載する。また、場所の欄には、委託にかかるサービスを行う場所について具体的に記載する。ただし、委託内容が「○○商品のサポート業務」というように、委託場所が特定できないものである場合には、場所の記載をする必要はない。

支払期日については、原則として年月日を具体的に記載する。「サービス提供後○日以内」というような記載は、支払期日が特定されていないので認められない。委託内容の欄には、受託者（下請事業者）が委託された内容を理解できるよう詳しく委託内容を記載する。

書式 8　下請事業者に交付する製造委託に関する発注書面

注　文　書

令和○年○月○日

＿＿＿＿＿＿＿＿殿

○○○株式会社

注番	注文年月日	納期	納入場所

品名・規格			数量(単位)	単価(円)	金額(円)
原材料 先特　有償　無償	有償支給原材料の品名	原材料引渡日	数量(単位)	単価(円)	金額(円)

検査完了期日	支払期日	支払方法	有償支給原材料代金の決済期日及び決済方法

○　本注文書の金額は，消費税・地方消費税抜きの単価です。支払期日には法定税率による消費税額・地方消費税額分を加算して支払います。

Point

製造委託とは、ある事業者が他の事業者に対して、製品の規格等を指定して物品（動産に限る）を製造する旨を委託することをいう。「有償支給原材料代金の決済期日及び決済方法」の欄には、有償で支給された原材料などの代金の支払期日と支払方法を記載する。ここでは、「納品分の下請代金支払時にその使用原材料分を控除」という形をとることもできる。ただし、「毎月○日買掛金と相殺」というような記載は、有償で支給された原材料などを早期決済することの禁止（54ページ）との関係で、有償支給原材料の締切日があいまいになるので避けるべきである。下請代金については、本体価格だけではなく消費税も記載する。納期や納入場所については、できる限り具体的に記載する必要がある。

9 自営型テレワークの適切な実施のための契約書作成について知っておこう

発注の際は仕事の内容、納期、報酬などを明確に定める必要がある

自営型テレワークとは

最近では、クラウドソーシング（仕事を依頼する側と仕事を受ける側をオンライン上で引き合わせるサービスのこと）が拡大し、インターネット環境さえあれば、在宅でも雇用契約を結ばず気軽に仕事ができるようになっています。このように働く人を**自営型テレワーカー**と呼ぶことがあります。自営型テレワーカーの増加とクラウドソーシングを提供するサイト（ランサーズやクラウドワークスなど）の拡充により、企業も気軽に外部へ仕事の依頼ができるようになっています。

このような働き方は、国が考える柔軟な働き方と方向性が一致している一方で、働き手である個人は、報酬額や納期などの基本的な内容が不明確なまま契約を結ばざるを得なかったり、契約が一方的に打ち切られたりするなど、依頼する側の企業に比べて弱い立場にあります。そのため、厚生労働省が平成30年２月に**自営型テレワークの適正な実施のためのガイドライン**を策定し、在宅ワークの仕事を注文する者が守るべき最低限のルールを示しています。また、自営型テレワーカーにおいても、仕事を受注する前に、ガイドラインの内容について知っておくことが、トラブルを未然に防ぐ意味でとても大切なことです。

ガイドラインでは、自営型テレワークを「注文者から委託を受け、情報通信機器を活用して主として自宅または自宅に準じた自ら選択した場所において、成果物の作成又は役務の提供を行う就労」と定めています。自営型テレワークの職種には、文書入力、データ入力など簡単なものから、Webサイト制作、プログラミング、システム設計など専門的なものまで多岐にわたります。

自営型テレワークの類型

自営型テレワークの受発注の形態については、いくつかに分類することができます。

一つ目が「直接注文」です。注文者が自営型テレワーカーと直接、請負契約もしくは準委任契約を締結する場合が該当します。

二つ目が「仲介事業者を通じた注文」です。仲介事業者が注文者から業務の委託を受け、その業務に関する仕事を自営型テレワーカーに注文し、成果物の取りまとめなどをして、注文者へ成果物の納品などをします。この場合、仲介事業者と注文者、仲介事業者と自営型テレワーカーの各々で請負契約・準委任契約が締結されます。

ただ、「仲介事業者を通じた注文」でも、仲介事業者が注文者と自営型テレワーカーの仕事のあっせん（もしくはインターネットを介して直接仕事の受発注をするサービスの提供）をするだけで、注文者と自営型テレワーカーが直接、請負契約・準委託契約を締結する場合もあります。ここにいう「インターネットを介して直接仕事の受発注をするサービス」がクラウドソーシングにあてはまります。

注文者はどんなことを守るべきか

ガイドラインにおいて示された注文者が守るべき主な事項を135ページの図にまとめています。「募集」「契約」「納品」「報酬」という業務の流れの中で注文者が守るべき事項を説明していきましょう。

・募集について守るべき事項

募集について口頭で済ませるとトラブルの原因になります。そのため、募集時には、①注文する仕事の内容、②成果物の納品予定日、③報酬予定額、報酬の支払期日、支払方法、④注文する仕事の経費の取扱い、⑤知的財産権（著作権など）の取扱い、⑥募集内容に関する問い合わせ先を、文書や電子メールまたはWebサイトなどで明示するように定めています。また、自営型テレワーカーから募集内容について問い合わせがあったら、十分に説明する必要があります。

・契約について守るべき事項

募集の段階と同様、口頭で済ませることなく、文書化した契約書を交付するように定めています。契約書には、募集で示した項目以外に、「成果物の納品先および納品方法」「契約条件を変更する場合の取扱い」「成果物の内容について検査をする場合は、その検査を完了する期日（検収日）」「契約条件を変更する場合の取扱い」「成果物に不完全な点があった場合、納品が遅れた場合の取扱い」「個人情報の取扱い」などを定める必要があります。

そして、一方的に自営型テレワーカーに不利益となる契約変更を行うべきではありません。自営型テレワーカーに落ち度がないのに契約を解除する場合は、自営型テレワーカーに生じた損害を賠償する必要があります。また、契約条件をめぐるトラブルを防止するため、契約書は３年間保存するように定めています。

・納品について守るべき事項

成果物などが不完全であったり、成果物の納品などが遅れたりしても、契約で決めた範囲を超えて責任を負わせることはできません。

・報酬について守るべき事項

成果物の納品や役務の提供があった日から起算して30日以内、長くても60日以内に報酬を支払うべきと定めています。

・その他の守るべき事項

継続的な取引関係にある自営型テレワーカー（おおむね６か月を超えて毎月１回以上仕事を注文しているなど）と注文を打ち切る場合には、速やかにその旨と理由を予告すべきと定めています。

また、自営型テレワーカーの健康にも配慮することが定められています。雇用関係に基づく全配慮義務などは課せられませんが、仕事の進捗状況に応じて注文をするなどの配慮が必要でしょう。

仲介事業者はどんなことに気をつけるべきか

ガイドラインでは、仲介事業者を、①注文者から業務の委託を受け、その業務に関する仕事を自営型テレワーカーに注文する者、②自営型テレワーカーと注文者との間で、仕事のあっせんを行う者、③クラウドソーシングを運営する者の３類型に分けています。そして、各々の類型において守るべき事項を定めています。

いずれの類型の仲介事業者も仲介手数料などを徴収するのが一般的であるため、仲介手数料などの金額、発生条件、徴収時期などをあらかじめ文書などで明示しておく必要があると定めています。また、いずれの類型においても、個人情報の保護に留意し、苦情処理の体制を

■ 自営型テレワーカーの類型

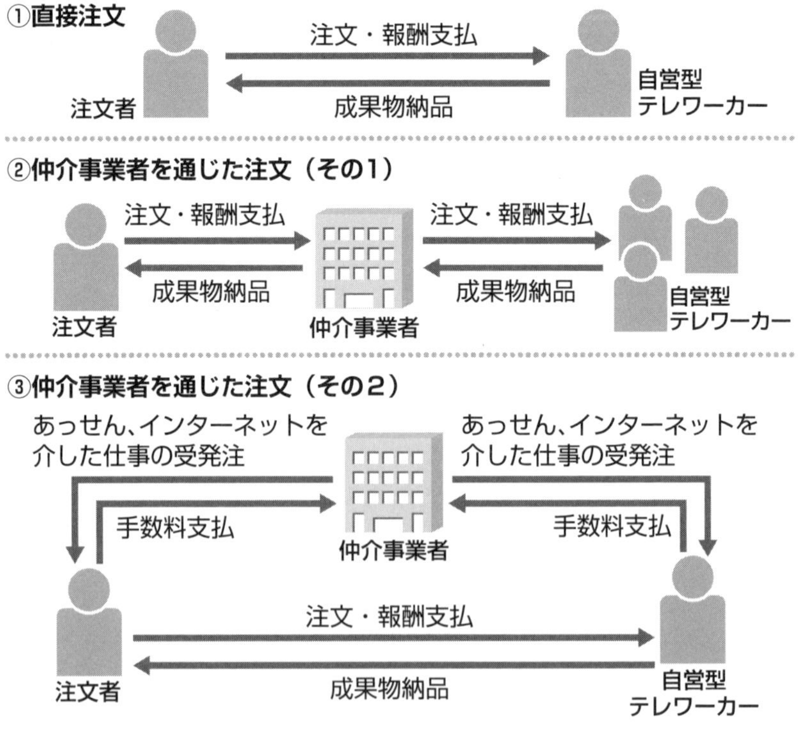

整備すべきであると定めています。

①の類型の仲介事業者は、注文者が守るべき事項を遵守する必要があります。特に、報酬の支払いや不利益な契約変更については留意しておきましょう。そして、②の類型の仲介事業者は、仕事をあっせんするにあたり、自営型テレワーカーに募集内容を明示する必要があります。募集内容は、注文者が守るべき事項と同様です。

その他、ガイドラインにはどんなことが書かれているのか

注文者や仲介事業者は、自営型テレワーカーよりも強い立場にあります。そのため、仕事に必要になると称して、強制的に物品を購入させるなどの行為は禁止されています。また、ガイドラインでは、自営型テレワーカーに関わる法律についても記載しています。特に、下請法の適用がある場合、発注内容を記載した書面の交付や、報酬の支払いなどについて、ガイドラインよりも厳格な規制があります。

■ 注文者が守るべき事項

1. 募集	・募集内容を文書などで明示する ⇒①注文する仕事の内容、②成果物の納品予定日、③報酬予定額、報酬の支払期日、支払方法、④注文する仕事の経費の取扱い、⑤知的財産権の取扱い、⑥募集内容に関する問い合わせ先
2. 契約	・契約内容を契約書に記載し交付する ⇒募集内容以外に、「成果物の納品先および納品方法」「契約条件を変更する場合の取扱い」「成果物が不完全であった場合、納品が遅れた場合の取扱い」「個人情報の取扱い」などがある
3. 納品	・成果物などが不完全であるか、納品が遅れた場合でも、契約で定めた負担を超えて責任を負わせることはできない
4. 報酬	・成果物の納品、役務の提供があった日から起算して30日以内、長くても60日以内に支払う
5. その他	・継続的な取引関係にある自営型テレワーカーと注文を打ち切る場合には、速やかにその旨と理由を告知する ・自営型テレワーカーの健康について配慮する

書式 9 業務委託契約書

業務委託契約書

株式会社川上サービスを甲とし、篠山啓太を乙として、甲の業務の委託に関して、次の通り契約を締結する。

第１条（委託業務） 甲は、乙に△△△に関する業務（以下「本件業務」という）を委託し、乙はこれを受託し、本件業務の目的を理解して誠実に業務を遂行する。

２　本件業務には、履行に必要な関連業務並びに付随する業務を含むものとする。

第２条（善管注意義務） 乙は、甲と緊密に連絡を取り、甲から乙への業務委託に関する業務指示等に基づき、善良なる管理者の注意をもって委託業務を遂行するものとする。

第３条（契約期間） 甲が本件業務を乙に委託する期間は、令和○年○月○日から令和○年○月○日までとする。ただし、甲及び乙が期間満了1か月前迄に相手方に対し契約解除を申し入れない時は自動更新とする。

第４条（基本契約及び個別契約） 甲と乙との間における本件業務に関する個別の契約（以下「個別契約」という）は、甲が本件業務に関する具体的な委託内容、契約金額、成果物の納期、その他具体的事項が記載された発注書を発行し、乙が当該発注書に対して承諾をした場合において、当該発注書の内容に従い成立する。

２　本契約に定める諸条項は、本契約の有効期間中、甲が本件業務を継続的に乙に委託するにあたり、甲乙間で締結される個別契約に共通して適用されるものとする。個別契約で本契約と異なる規定を定めた場合は、個別契約の定めが本契約に優先するものとする。

第５条（報酬支払いと支払方法） 報酬は、月額金○万円（消費税を含む）とする。なお、個別契約に定める報酬額が本契約書に定める報酬額より高い場合は、発注書の定めによるものとする。

2　第１項に基づく報酬は、第８条第２項に定める合格があった日を納品日とし、納品日から30日以内に、乙指定の銀行口座に振り込むことで支払う。その際の振込手数料は、甲の負担とする。

3　交通費、通信費等諸経費の取扱いについては、甲乙協議の上、決定する。

第6条（契約の解除）　甲又は乙は、相手方が次の各号の一つに該当するときは、契約の全部又は一部を解除することができるものとする。

① 相手方が契約に基づく債務を履行せず、相当の期間を定めて催告したにもかかわらず当該期間内に債務の履行をしないとき。

② 相手方の責めに帰すべき事由により、個別契約に定める納期を遵守することができないと認められるとき。

③ 相手方が、相当の対価を支払ったとき。

2　甲及び乙が合意により契約を解除する場合、甲は、乙に対し、成果物の完成割合及びその時点において有する機能等をもとに、甲及び乙が誠実に協議した上、全部又は一部の報酬を支払うものとする。

3　災害などの甲の責めに帰することのできない事由で契約が解除される場合に生じた負担は、甲乙協議の上、決定するものとする。

第7条（契約条件の変更）　本契約の当事者の一方は、委託業務の内容又は実施方法その他の契約条件の変更を行う必要があると判断した場合は、甲乙協議の上、変更することができる。この場合、変更後の契約条件の内容について、書面で明示し、合意するものとする。

2　甲は、前項により契約条件を変更する場合は、乙と協議の上、従前の契約条件に基づき乙が実施した業務の進捗状況に応じた報酬を、乙に対して支払うものとする。

第8条（成果物の検査及び補修）　甲は、乙から提出を受けた成果物に関し、○日以内に検査を行う。

2　前項による検査を行い、合格したときは、乙に対して速やかに合格の通知を行う。

3　甲は、第１項に基づく検査の結果、成果物が一定の納品水準に達していないと判断した場合は、乙に対し、乙の責任と負担による補修を求めることができる。

第９条（第三者委託） 乙は、本件業務の全部又は一部について第三者に委託する必要があると判断した場合は、甲と協議の上、第三者に委託することができる。

第10条（権利の帰属） 乙が提出した成果物の所有権及び著作権その他の一切の知的財産権は、第８条第２項で定める合格通知をもって、乙から甲に移転するものとする。

２　甲は、乙の承諾を受けることなく、成果物を改変し、又は本件業務以外の用途にも使用することができるものとする。

第11条（秘密保持） 甲及び乙は、本件業務の履行に際し相手方から得た一切の業務上の機密に属する情報（以下「秘密情報」という）の秘密を守り、これらの情報を、相手方の事前の書面による許諾なく、本契約以外の目的のために利用し、又はいかなる第三者に対しても漏えい若しくは開示してはならない。

２　前項に定める機密保持義務は、本契約終了後も存続する。

第12条（個人情報の取扱い） 甲は、乙に関する個人情報を取り扱うにあたっては、乙の同意を得た利用目的の達成に必要な範囲内で取り扱うものとする。

２　乙は、本件業務の履行にあたって知り得た個人情報及び業務上知り得た機密情報を取り扱うにあたっては、本契約の範囲外で当該情報を利用してはならない。また、当該情報の保管や本契約終了後の消去等について、甲乙あらかじめ協議の上、決定するものとする。

第13条（損害賠償） 甲及び乙は、相手方に対して、自己の責めに帰すべき事由により、本契約又は個別契約に違反し、相手方に損害を与えた場合、当該損害を賠償する。

２　前項に定める損害は、当該違反を直接の原因として現実に被った損害に限る。

第14条（協議） 本契約に定めのない事項については、甲乙協議の上、別途定めるものとする。

この契約の成立の証として、本契約書を２通作成し、甲乙各１通を保有するものとする。

令和○年○月○日

甲　住所：福井県○○市○○１－２－３
電話番号：○○○○－○○－○○○○
社名：株式会社川上サービス
代表取締役　川上　健二　㊞

乙　住所：東京都○○区○○１－２－３
電話番号：○○○－○○○－○○○○
氏名：　篠山　啓太　㊞

Point

業務委託契約とは、一定の事務処理や物品の製作・販売などの業務を、外部の個人や企業に委託する契約である。請負の場合と異なり、必ずしも仕事の完成を目的としない準委任とされるのが一般的である。業務委託契約の場合、特に注意を要するのが「派遣契約」との境界線である。業務委託契約であるか派遣契約であるかは、関係法令から受ける規制に大きな違いがある。

最も注意すべきなのは、実際に業務を遂行する従事者に対する「指揮命令権」の所在である。指揮命令権が業務の注文者（派遣先）にある場合、その契約は派遣契約とみなされ、派遣法などの規制を受けるからである。業務委託契約書では、この「指揮命令権」の所在が受託者にあることを明確にしなければならない。

また、業務委託の場合、一つの業務を遂行することが契約の目的となるので、その目的となる業務を明確にすることを要する。報酬についても、時間給や日給のように作業時間で決定するより、むしろ一つの業務あるいは一定の期間（１か月単位など）を基準にして設定することが多い。契約内容によっては作業時間を明確に設定する場合もあるが、個々の従事者の労働時間までは規制できない。なお、業務委託契約書を作成する際、その契約が請負の性質を持っていなければ、収入印紙の貼付が不要である。

発注書

令和○年○月○日

発　注　書

篠山　啓太　様

住所：福井県○○市○○１－２－３
社名：株式会社川上サービス
代表取締役：川上　健二　㊞

下記のとおり△△△業務を委託する。

記

1　委託内容	○○○○
2　契約金額	￥○○○○（税込）（源泉徴収税￥○○○○を報酬振込時に差し引く）
3　履行期限	令和○年○月○日
4　納品先・方法	株式会社川上サービス（担当者三鷹）宛にデータをメールで納品
5　諸経費の取扱	甲は、以下の経費を負担するものとする。 ・甲が指定する仕事に必要な機器 ・打ち合わせ時の交通費 ・通信費
6　連絡先	本業務に関する担当者：三鷹太郎 TEL　○○○－○○○－○○○○ MAIL　mitaka@kawakami-fukui.co.jp

10 副業・兼業の促進に関するガイドラインの概要

会社としては労働者の健康管理や情報管理などに留意する

ガイドラインにはどんなことが書かれているのか

公務員を除いて副業・兼業を一般的に規制する法律はありませんが、かつては厚生労働省が作成している「モデル就業規則」において、副業・兼業に関する規定は「原則禁止」という形をとっていました。しかし、働き方改革の一連の流れの中で、モデル就業規則の副業・兼業に関する規定は「原則推進」に改定されました。

モデル就業規則の改定に加えて、副業・兼業の推進の環境整備を行うために作成されたガイドラインが**副業・兼業の促進に関するガイドライン**です。ガイドラインは、副業・兼業に関わる現行の法令や解釈をまとめたもので、企業や労働者の対応とともに、副業・兼業に関わる現行制度についての課題が挙げられています。そして、この課題は今後検討されるべきものとされ、企業にとっては副業・兼業を推進するための妨げとなっています。

さらに、ガイドラインと合わせて「副業・兼業の促進に関するガイドラインQ&A」も作成されています。Q&Aにおいては、労働時間管理、健康確保措置、労災保険について、具体例を示しながらガイドラインの補足が行われています。

以下、ガイドラインで示されている副業・兼業における企業や労働者の対応について見ていきましょう。

企業はどんなことに気を付けるべきなのか

副業・兼業については、モデル就業規則においても裁判例においても「原則推進」することになっています。そのため、ガイドラインにおいても、労働者の希望に応じて、原則的には副業・兼業を認める方向で検討するように記載されています。その理由として、労働時間以外の時間をどのように利用するかは、基本的には労働者の自由であることを指摘しています。

モデル就業規則では、①労務提供上の支障（たとえば、後述する長時間労働や不規則労働による健康障害のおそれ）、②業務上の秘密の漏えい、③競業による自社の利益の侵害、④自社の名誉や信用を損なう行為や信頼関係を破壊する行為、といった事項に該当しないかどうかを確認するため、副業・兼業を事前の届出制とすることを定めています。ガイドラインでは、現行の労働基準法が規定する本業と副業の労働時間の通算について触れており、労働時間を適切に管理するためにも、副業・兼業の内容を事前に申請・届出させることが望ましいとしています。

副業・兼業を認める場合、企業としては、労働者の長時間労働や不規則労働による健康障害に気をつけなければなりません。ガイドラインでは、時間外・休日労働を抑制することや、安全配慮義務について留意すべきことを示しています。

なお、健康管理について、会社は労働者に対して健康診断を受診させる義務があります。ただし、週の所定労働時間が通常の労働者の所定労働時間の４分の３より少ない労働者については受診させる義務はなく、副業・兼業をしていても労働時間の通算をする必要はありません。

労働者から申し出があった場合にはどうする

副業・兼業について労働者から申し出があった場合には、原則として認める必要があります。しかし、前述した①～④にいずれかに該当する場合には、副業・兼業を認める必要がないため、申し出を受けた時点でそれらに該当するかどうかを確認します。副業・兼業が現在の業務の支障にならないかどうか、労働者と上司などで十分な話し合いを行うことも必要です。また、労働者の申し出がしやすいように、副業・兼業を認める範囲や手続きなどを就業規則に定めておくとよいでしょう。

副業・兼業の許可をする際に、就業時間外のことについて必要以上の情報提供を求めるのは、プライバシー侵害となる場合があるので注意が必要です。どこで副業・兼業を行うのか、副業・兼業先の就業時間や業務量についての情報提供を求める程度は、不正な競業や労働時間管理の観点から問題ないとされています。

副業・兼業の開始後は、副業・兼業先での労働時間や健康状態について把握する必要があります。企業は、月に１回程度、副業・兼業の実績報告書を提出するようにルールづくりをしておくとよいでしょう。労働者側も、自身の勤務時間や健康状態を知る上で大切なものであることを理解して、進んで協力する必要があるでしょう。ガイドラインでは、労働者が始業・終業時刻、休憩時間、勤務時間、健康診断結果などを記録することができるツールの活用が望ましいとしています。

■ 副業・兼業の促進に関するガイドライン

ガイドライン：
現行の法令や解釈をまとめたもの

下記の内容で構成される

- 副業・兼業の現状
- 副業・兼業の促進の方向性
- 企業の対応
- 労働者の対応
- 副業・兼業に関わるその他の現行制度について

➡

【主な内容】

- 副業を原則認めること
- 労務提供上の支障や企業秘密の漏えいなどがないか確認するために、事前に申請・届出をさせることが望ましい
- 副業・兼業先での労働時間、健康状態の把握を行うこと

など

11 副業制限について知っておこう

合理性のない副業制限は無効となるリスクがある

副業制限とは

副業・兼業を一般的に規制している法律はなく、原則として自由に行うことができます。ただし、公務員については、国民の奉仕者という職務の立場があるため、国家公務員法や地方公務員法で副業・兼業を原則禁止しています。ただし、働き方改革の一連の流れの中で、平成31年３月に国家公務員の兼業許可基準が示されるなど、公務員の副業・兼業が徐々に緩和される傾向にあります。

このように、公務員以外の人による副業・兼業は原則自由ですが、会社がすべての副業・兼業を許してしまうと、会社にとってリスクが高まる場合があります。たとえば、本業の会社と競合する他社で副業をしている場合には、その従業員が本業の会社の機密情報を漏らしてしまう可能性があります。また、日中時間帯を本業の会社で労働した後、夜間に長時間のアルバイトなどで労働した場合には、睡眠時間が削られ、本業の業務中にミスやケガが生じるなど、本業での支障が生じる可能性もあります。

このように副業・兼業を認めることで会社のリスクが高まる場合には、それを制限もしくは禁止することができます。これを**副業制限（兼業制限）**といいます。反対に、会社へのリスクがないと判断できる場合には、副業・兼業を認める必要があります。

制限にはいくつかのパターンがある

一般的に、裁判例などにおいて副業制限を設けることができる理由として、以下のようなものがあります。

①　不正な競業や情報漏えいのおそれがある場合

競合他社での就業は、意図するかしないかにかかわらず、本業の会社の機密情報漏えいなど、本業の会社の利益を害するおそれがあります。特に従業員が競合他社への転職や起業の準備として副業・兼業をする場合には、情報漏えいなどのおそれが一層高まります。

②　本業の会社の社会的信用を傷つける場合

副業・兼業先の会社について、たとえば、反社会的勢力との関連が疑われる会社で働くことは、本業の会社の社会的信用を傷つけるおそれ（会社の名誉・信用の侵害や信頼関係破壊のおそれ）があります。社会的信用を大切にする会社では、従業員がそういった会社で働いていることが公にされると、会社のイメージがダウンして売上が落ち込む可能性があります。

③　長時間労働などで本業に支障が生じる場合

副業・兼業をすると、必然的に労働時間が長くなります。そのため、本業中の居眠りが増える、集中力が途切れてミスを頻発するなど、本業へ支障をきたすおそれがあります。さらには、従業員自身の健康を害する可能性もあります。

■ 副業を制限できる場合（公務員を除く）

原則 → 副業を許可しなければならない

例外 → 下記のいずれかに該当する場合には、副業を制限もしくは禁止することができる

①不正な競業、情報漏えいのおそれがある場合
②本業の会社の社会的信用を傷つける場合
③長時間労働などで本業に支障が生じる場合

12 副業・兼業についての規定を就業規則に盛り込もう

届出制や許可制にすることが考えられる

どんな規定を盛り込むのか

会社が副業・兼業を認める場合には、就業規則に、以下のような規定を盛り込みます。副業・兼業の規定がないと、労働者は自由に副業・兼業をできると理解し、後に大きなトラブルになる可能性があります。次の条項は、厚生労働省が作成したモデル就業規則における副業・兼業に関する条項です。

第68条（副業・兼業） 労働者は、勤務時間外において、他の会社等の業務に従事することができる。

2　労働者は、前項の業務に従事するにあたっては、事前に、会社に所定の届出を行うものとする。

3　第1項の業務に従事することにより、次の各号のいずれかに該当する場合には、会社は、これを禁止または制限することができる。

①　労務提供上の支障がある場合

②　企業秘密が漏えいする場合

③　会社の名誉や信用を損なう行為や、信頼関係を破壊する行為がある場合

④　競業により、企業の利益を害する場合

上記の規定は、あくまでも副業・兼業に関する規定の一例であり、各企業において、必ずこの規定例どおりの規定にしなければならないという性質のものではありません。

就業規則の内容、各企業の事業場の実態に合ったものとしなければならないことから、副業・兼業の導入の際には、労使間で十分検討する必要があります。

労働者の副業・兼業について、裁判例では労働者が労働時間以外の時間をどのように利用するかは基本的には労働者の自由であることが示されていることから、第１項において、労働者が副業・兼業できることを明示しています。

届出制、許可制を規定する

労働者の副業・兼業を認める場合には、長時間労働を招くなどして労務提供上の支障を生じさせるものでないか、企業秘密の漏えいがないか、などを把握する必要があります。そこで、先の条項では第２項において事前に届出を行うことを規定しています。

また、届出制以外にも、許可基準を設け、申請があった場合に許可基準を基づいて副業を許可するかどうかを判断することもできます。しかし、必要以上に細かい許可基準を設けると、副業の自由を制限しているとみなされ、裁判においてその許可基準が無効と判断される可能性があります。第３項各号で規定したような合理性のある許可基準にしなければなりません。

特に、労働者が自社と副業・兼業先の両方で雇用されている場合には、時間外・休日労働の計算において労働時間を通算する必要がある点から、労働者の副業・兼業の内容を把握するため、副業・兼業の内容を**届出制もしくは許可制**にすることが望ましいといえます。

裁判例では、労働者の副業・兼業について各企業の制限が許される場合は、第３項各号で規定したような事由であることが示されています。第３項各号の事由に該当するかどうかは各企業で判断するものですが、就業規則の規定を拡大解釈して、必要以上に労働者の副業・兼業を制限することのないよう、適切な運用を心がけるようにしましょう。

なお、第３項第１号（労務提供上の支障がある場合）には、副業・兼業が原因で自社の業務が十分に行えない場合や、長時間労働などによって労働者の健康に影響が生じるおそれがある場合が含まれます。

裁判例でも、自動車運転業務について、隔日勤務に就くタクシー運転手が、非番日に会社に無断で輸出車の移送、船積みなどをするアルバイトを行った事例において、「タクシー乗務の性質上、乗務前の休養が要請されることなどの事情を考えると、本件アルバイトは就業規則により禁止された兼業に該当すると解するのが相当である」と判断したものがあることに留意が必要です。

副業開始後の取扱いも重要

副業・兼業の開始後の取扱いに関する規定を定めることもできます。たとえば、定期的に（少なくとも年１回）面談を行うことを規定し、労働時間などについて届出事項と実際とで差異が生じていないかを確認することを定めます。差異が生じており、副業・兼業によって本業に問題が生じている場合には、副業・兼業を承認しないことができるという内容の規定を設けておくこともできます。

■ 副業・兼業の許可の流れと規定例の関係 ……………………………

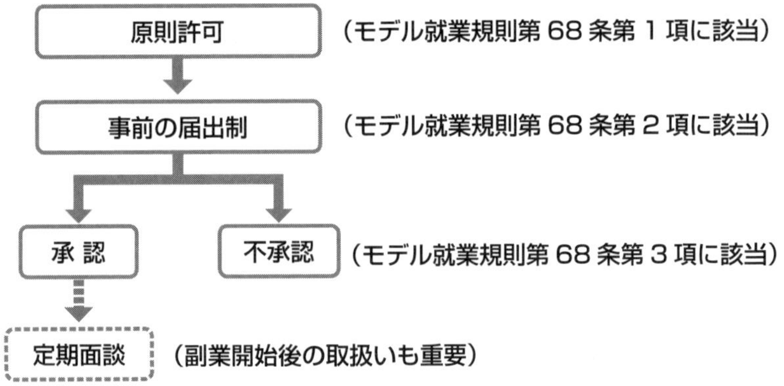

書式
11

副業・兼業規程

副業・兼業規程

第１条（目的） この副業・兼業規程（以下「本規程」という）は、株式会社○○（以下「当社」という）の就業規則第○条に基づき、当社の役員、正社員、契約社員、パート、アルバイト等（以下「社員」という）が第２条に定義する副業・兼業を行う場合の許可等に関する取扱いについて定めるものとする。

２　副業・兼業は、社員の知識・スキルの獲得、社員の自主性・自律性の促進、社員の当社への定着または社外の情報等による事業機会の拡大に資するものでなければならない。

第２条（定義） 本規程において、「副業・兼業」とは、社員が当社の業務の一環ではない次の各号に掲げる行為をすることをいう。また、本規程において、副業・兼業を行う事業場のことを「副業・兼業先事業場」という。

⑴　会社その他の団体の社員、役員等に就職・就任すること

⑵　自ら事業を営むこと

⑶　何らかの事業または事務に従事すること

⑷　その他前各号に類するもの

第３条（許可申請） 社員は、本規程に定める許可を得ることなく、副業・兼業をしてはならない。社員が、副業・兼業をしようとするときは、副業・兼業をしようとする２週間前までに、別途定める様式により許可申請を行わなければならない。

２　副業・兼業の許可を受けた社員は、許可申請の内容に変更があり、引き続き副業・兼業を行おうとするときは、事前に再度許可申請を行い、許可を受ければならない。ただし、やむを得ない事由があるときは、許可申請の内容に変更が生じた後、直ちに再度許可申請を行い、

許可を受けることで足りる。

第４条（許可権者） 前条に規定する副業・兼業の許可は、許可を申請する社員の所属長が行う。

第５条（許可基準） 前条の所属長は、次の各号のすべての事項を充たす場合のみ、副業・兼業を許可することができる。

(1) 副業・兼業先事業場が当社の同業他社でないこと

(2) 長時間労働により社員の健康を害するおそれがないこと（①申請時における直近６か月の平均１か月間の当社における時間外労働時間と副業・兼業先事業場における１か月間に予想される勤務時間の合計時間がおおむね月45時間を超えないこと、及び、②当社と副業・兼業先事業場のいずれにも就業しない休日を月４日以上は確保できることを目安とする）

(3) 副業・兼業先事業場の勤務により、当社の勤務に変更の必要がなく、当社の業務の遂行に支障を来すおそれもないこと

(4) 副業・兼業先事業場の業種が下記に該当しないこと

① 風俗営業等の規制及び業務の適正化等に関する法律に規定する風俗営業

② 酒肴等を客に提供する飲食店

③ 暴力団員による不当な行為の防止等に関する法律に規定する暴力団、指定暴力団等が行う事業

④ その他社員の健康又は福祉を害するおそれのある事業

第６条（留意事項） 社員は、次の各号のすべての事項について認識し、理解した上で、副業・兼業を行うものとする。

(1) 副業・兼業先事業場において、業務災害による傷病及び副業・兼業先事業場に向かう途上の通勤災害並びに副業・兼業先事業場より自宅に向かう途上の通勤災害による傷病に伴う休業において、休業補償の金額の算定の基礎となる賃金が、副業・兼業先事業場における賃金のみとなること

(2) 副業・兼業先事業場での労働によって長時間労働を来し、長時間

労働による過労に伴う疾病を発症し、または死亡した場合において、当社は損害賠償の責めには応じないこと

(3) 労働時間の管理は、自己管理とすること

第7条（勤怠状況の報告義務） 副業・兼業を行う社員は、毎月決められた期日までに、別途定める様式により副業・兼業先事業場の毎月の勤怠状況を当社に報告しなければならない。

第8条（職務専念義務） 社員は、許可を得て副業・兼業を行う場合でも、当社の勤務時間中は、当社の業務に専念しなければならない。

第9条（機密保持義務） 社員は、当社の在職中及び退職後において、副業・兼業先その他の第三者に対して、業務上知り得た当社及び当社の取引先等の機密情報を漏えいしてはならない。

第10条（許可の取消） 第5条の規定により許可を受けた社員が、次の各号のいずれかに該当するに至ったときは、所属長は、当該許可を取り消すことができる。

(1) 第3条第1項もしくは第2項の申請または第8条の報告に虚偽のあることが発覚したとき

(2) 第3条第2項の申請または第8条の報告を怠ったとき

(3) 第5条各号のいずれかに反する状態となったとき

(4) 第8条または第9条の義務に違反したとき

(5) その他、副業・兼業をさせることが相当でないと当社が認めたとき

第11条（懲戒処分） 当社は、社員に本規程に違反する行為があったときは、懲戒処分を行うことができる。

附則

本規定は、令和○年○月○日より施行する。

Point

会社によっては、就業規則本体とは別に「副業・兼業規程」を作成することも考えられる。特に、副業・兼業について許可制を採用する場合には、許可条件などの詳細な規定が必要になるため、別個に規程を作成した方がよい場合が多い。

許可基準については、詳細に規定しすぎると副業・兼業の推進の妨げになる可能性があるため、注意が必要である。労働者の健康確保や長時間労働防止の観点から、規程例では、三六協定の上限時間を参考に、本業先の時間外労働と副業・兼業先の所定労働時間を合わせて毎月45時間としている。また、法定休日（週１日以上もしくは４週を通じて４日以上の休日）を参考に、どちらにも就業しない休日が月４日以上となるよう許可基準を規定している。

副業・兼業を許可しない場合、142～143ページの副業制限事項を参考に作成するとよい。

副業・兼業を許可する人（許可権者）は誰かということも重要である。副業・兼業の場合、「本業に支障をきたすか」「健康状態は良好か」などについては、人事部などより直属の上司の方が把握しやすいと考えられる。そのため、許可権者についても労働者と直接関わりのある所属長などとする方がよい場合もある。

また、留意事項として、副業・兼業先で労災が起きた場合の休業補償の金額は、2020年８月までに起きた労災については、副業・兼業先の賃金のみをベースに算定される。しかし、労災保険法の改正に伴い、2020年９月以降に起きた労災については、本業と副業の両方の賃金をベースに算定される。会社としては、副業・兼業を促進する法改正に留意しておく必要がある。

第４章

建設工事・不動産の請負・委託・委任に関する書式

書式1

民間建設工事標準請負契約約款（乙）

民間建設工事請負契約書

発注者　　○○○○（以下「甲」という）と
受注者　　××××（以下「乙」という）は

この契約書、民間建設工事標準請負契約約款（乙）（平成22年７月26日中央建設業審議会決定）と、添付の図面○枚、仕様書○冊とによって、工事請負契約を締結する。

一　工事名　　○○○○宅新築工事
二　工事場所　東京都○○区○○町○丁目○番○号
三　工期　　　着手　契約の日から○日以内
　　　　　　　　　　工事許・認可の日から○日以内
　　　　　　　　　　令和○年○月○日
　　　　　　　完成　着手の日から○日以内
　　　　　　　　　　令和○年○月○日
　　　　　　　引渡　令和○年○月○日
四　工事を施工しない日
　　工事を施工しない時間帯
五　請負代金額　○○○○万円
（うち取引に係る消費税及び地方消費税額：○○○万円）
六　支払方法　発注者は請負代金を次のように受注者に支払う。
　この契約成立のとき　　○割
　　　　　　　第一回　　○割
　部分払
　　　　　　　第二回　　○割
　完成引渡しのとき　　　○割
七　調停人
　　○○　○○（調停人を立てる場合に記載する）

八　瑕疵担保責任の履行に関する措置

①　住宅建設瑕疵担保責任保険の加入状況

保険法人の名称：株式会社○○安全住宅

保険金額：○○○○万円

保険期間：引渡の日から10年

②　その他の措置の内容

九　その他

この契約の証として本書2通を作り、発注者及び受注者並びに保証人が記名押印して発注者及び受注者が各1通を保有する。

令和○年○月○日

住所

発注者　○○○○　㊞

住所

同保証人　△△△△　㊞

保証の極度額

（保証人を立てる場合に記載する）

住所

受注者　××××　㊞

住所

同保証人　□□□□　㊞

保証の極度額

（保証人を立てる場合に記載する）

上記工事に関し、発注者との間の契約に基づいて発注者から監理業務（建築士法（昭和25年法律第202号）第2条第8項で定める工事監理並びに同法第18条第3項及び第20条第3項で定める工事監理者の業務を含む）を委託されていることを証するためここに記名押印する。

監理者　○○○○　㊞

民間建設工事標準請負契約約款

第1条（総則） 発注者及び受注者は、各々が対等な立場において、日本国の法令を遵守して、互いに協力し、信義を守り、この約款（契約書を含む。以下同じ）に基づき、設計図書（添付の設計図及び仕様書をいう。以下同じ）に従い、誠実にこの契約（この約款及び設計図書を内容とする請負契約をいい、その内容を変更した場合を含む。以下同じ）を履行する。

2　受注者は、この契約に基づいて、工事を完成し、この契約の目的物を発注者に引き渡すものとし、発注者は、その請負代金の支払いを完了する。

3　この約款の各条項に基づく協議、承諾、通知、指示、催告、請求等は、この約款に別に定めるものの他、原則として、書面により行う。

4　発注者は、この契約とは別に発注者と監理者との間で締結されたこの工事に係る監理業務（建築士法第2条第8項で定める工事監理並びに同法第18条第3項及び第20条第3項で定める工事監理者の業務を含む。以下同じ）の委託契約（以下「監理契約」という）に基づいて、この契約が円滑に遂行されるように監理者へ協力を求める。

5　発注者は、第5条第1項各号に掲げる事項その他この契約に定めのある事項と異なることを監理者に委託したとき又はこの契約の定めに基づいて発注者が行うことを監理者に委託したときは、速やかに当該委託の内容を書面をもって受注者に通知する。

第2条（請負代金内訳書及び工程表） 受注者は、この契約を締結した後、速やかに請負代金内訳書及び工程表を発注者に、それぞれの写しを監理者に提出し、請負代金内訳書については、監理者の確認を受ける。

2　請負代金内訳書には、健康保険、厚生年金保険及び雇用保険に係る法定福利費を明示するものとする。

第3条（一括委任又は一括下請負の禁止） 受注者は、工事の全部若しくはその主たる部分又は他の部分から独立して機能を発揮する工作物の工事を一括して第三者に委任し、又は請け負わせることはできない。

第４条（A）（権利義務の承継等）発注者及び受注者は、相手方の書面による承諾を得なければ、この契約により生ずる権利又は義務を第三者に譲渡し、又は承継させることはできない。

２　発注者及び受注者は、相手方の書面による承諾を得なければ、この契約の目的物並びに検査済の工事材料及び建築設備の機器（いずれも製造工場等にある製品を含む。以下同じ）を第三者に譲渡し、若しくは貸与し、又は抵当権その他の担保の目的に供することはできない。

第４条（B）（権利義務の承継等）発注者及び受注者は、この契約により生ずる権利又は義務を第三者に譲渡し、又は承継させることはできない。ただし、あらかじめ相手方の承諾を得た場合又はこの契約の目的物の工事を実施するための資金調達を目的に請負代金債権を譲渡するとき（前払や部分払等を設定したものであるときは、前払や部分払等によってもなおこの契約の目的物に係る工事の施工に必要な資金が不足することを疎明したときに限る）は、この限りでない。

２　発注者及び受注者は、相手方の書面による承諾を得なければ、この契約の目的物並びに検査済の工事材料及び建築設備の機器（いずれも製造工場等にある製品を含む。以下同じ）を第三者に譲渡し、若しくは貸与し、又は抵当権その他の担保の目的に供することはできない。

３　受注者は、第１項ただし書の規定により、この契約の目的物に係る工事を実施するための資金調達を目的に請負代金債権を譲渡したときは、当該譲渡により得た資金を当該工事の施工以外に使用してはならない。

４　発注者は、必要があると認めるときは、受注者に対し前項に違反していないことを疎明する書類の提出などの報告を求めることができる。

第５条（監理者）監理者は、監理契約に基づいて発注者の委託を受け、この契約に別段の定めのある他、次のことを行う。

一　設計図書等の内容を把握し、設計図書等に明らかな矛盾、誤謬、脱漏、不適切な納まり等を発見した場合は、受注者に通知すること。

二　設計内容を伝えるため受注者と打ち合わせ、適宜、この工事を円滑に遂行するため、必要な時期に説明用図書を受注者に交付すること。

三　受注者からこの工事に関する質疑書が提出された場合、設計図書等に定められた品質確保の観点から技術的に検討し、当該結果を受注者に回答すること。

四　施工図、製作見本、見本施工等が設計図書等の内容に適合しているか、並びに設計図書等の定めるところにより受注者が提出又は提案する工事材料、建築設備の機器等及びそれらの見本が設計図書等の内容に適合しているかについて検討し、結果を発注者に報告の上、受注者に対して適合していると認められる場合は承認し、適合していないと認められる場合には理由を示して修正を求めること。この場合において、受注者がこれに従わないときは、その旨を発注者に報告すること。

五　この工事が設計図書等の内容に適合しているかについて、設計図書等との照合、設計図書等に定めのある方法による確認の他、目視による確認、品質管理記録による確認（受注者から提出された場合に限る）、あるいはこれらを抽出によって確認するなど、確認対象工事に応じた合理的方法による確認を行うこと。

六　この工事と設計図書等との照合及び確認の結果、この工事が設計図書等の通りに実施されていないと認めるときは、直ちに受注者に対してその旨を指摘し、この工事を設計図書等の通りに実施するよう求めるとともに発注者に報告すること。

七　第２条第１項に基づいて受注者から提出される請負代金内訳書の適否を合理的な方法により確認し、当該結果を発注者に報告すること。

八　設計図書等の定めにより受注者が作成、提出する施工計画について、設計図書等に定められた工期及び品質が確保できないおそれがあると明らかに認められる場合には、受注者に対して助言し、その旨を発注者に報告すること。

九　この工事がこの契約の内容（第５号に関する内容を除く）に適合しているかについて、この契約の内容との照合、設計図書等に定めのある方法による確認の他、目視による確認、品質管理記録による確認（受注者から提出された場合に限る）、あるいはこれらを抽出によって確認するなど、確認対象工事に応じた合理的方法による確認を行うこと。この結果、この工事がこの契約の内容の通りに実施されていないと認めるときは、直ちに受注者に対してその旨を指摘し、当該工事をこの契約の内容の通りに実施するよう求めるとともに発注者に報告すること。

十　受注者がこの契約に定められた指示、検査、試験、立会い、確認、審査、承認、助言、協議等を求めたときは、速やかにこれに応じること。

十一　受注者の提出する出来高払又は完成払の請求書を技術的に審査すること。

十二　この工事の内容、工期又は請負代金額の変更に関する書類を技術的に審査すること。

十三　受注者から発注者へのこの契約の目的物の引渡しに立ち会うこと。

2　発注者又は受注者は、この工事について発注者、受注者間で通知、協議を行う場合は、この契約に別段の定めのあるときを除き、原則として、通知は監理者を通じて、協議は監理者を参加させて行う。

3　発注者は、監理業務の担当者の氏名及び担当業務を受注者に通知する。

4　発注者の承諾を得て監理者が監理業務の一部を第三者に委託するときは、発注者は、当該第三者の氏名又は名称及び住所並びに担当業務を受注者に通知する。

第6条（履行報告）受注者は、この契約の履行報告につき、設計図書に定めがあるときは、その定めに従い発注者に報告しなければならない。

第7条（工事材料及び建築設備の機器等）受注者は、設計図書において監理者の検査を受けて使用すべきものと指定された工事材料又は建築設備の機器については、当該検査に合格したものを用いるものとし、設計図書において試験を受けて使用すべきものと指定された工事材料又は建築設備の機器については、当該試験に合格したものを使用する。

2　前項の検査又は試験に直接必要な費用は、受注者の負担とする。ただし、設計図書に別段の定めのない検査又は試験が必要と認められる場合に、これらを行うときは、当該検査又は試験に要する費用及び特別に要する費用は、発注者の負担とする。

3　検査又は試験に合格しなかった工事材料又は建築設備の機器は、受注者の責任においてこれを引き取る。

4　工事材料又は建築設備の機器の品質については、設計図書に定めるところによる。設計図書にその品質が明示されていないものがあるときは、中等の品質のものとする。

5　受注者は、工事現場に搬入した工事材料又は建築設備の機器を工事現場外に持ち出すときは、発注者（発注者がこの項の業務を監理者に委託した場合は、監理者）の承認を受ける。

6　発注者（発注者がこの項の業務を監理者に委託した場合は、監理者）は、施工用機器について明らかに適当でないと認められるものがあるときは、受注者に対してその交換を求めることができる。

第8条（発注者の立会い及び工事記録の整備） 受注者は、設計図書に発注者又は監理者（以下「発注者等」という）の立会いの上施工することが定められた工事を施工するときは、発注者等に通知する。

2　受注者は、発注者等の指示があったときは、前項の規定にかかわらず、発注者等の立会いなく施工することができる。この場合、受注者は、工事写真等の記録を整備して発注者等に提出する。

第9条（設計、施工条件の疑義、相違等） 受注者は、次の各号のいずれかに該当することを発見したときは、直ちに書面をもって発注者等に通知する。

一　図面若しくは仕様書の表示が明確でないこと又は図面と仕様書に矛盾、誤謬又は脱漏があること。

二　工事現場の状態、地質、湧水、施工上の制約等について、設計図書に示された施工条件が実際と相違すること。

三　工事現場において、土壌汚染、地中障害物の発見、埋蔵文化財の発掘その他施工の支障となる予期することのできない事態が発生したこと。

2　受注者は、図面若しくは仕様書又は監理者の指示によって施工することが適当でないと認めたときは、直ちに書面をもって発注者等に通知する。

3　発注者（発注者がこの項の業務を監理者に委託した場合は、監理者）は、前2項の通知を受けたとき又は自ら第1項各号のいずれかに該当することを発見したときは、直ちに書面をもって受注者に対して指示する。

4　前項の場合、発注者又は受注者は、相手方に対し、必要と認められる、工期の変更又は請負代金額の変更を求めることができる。

第10条（適合しない施工） 施工について、この契約に適合しない部分があるときは、監理者の指図によって、受注者はその費用を負担して速やかにこれを改造し、このために工期の延長を求めることはできない。

2　この契約に適合しない疑いのある施工について必要と認めたとき、発注者等はこの契約の目的物の一部を破壊して検査することができる。

3　前項による破壊検査の結果、この契約に適合しないものについては、破壊検査に要する費用は受注者の負担とし、この契約に適合しているものについては、破壊検査及びその復旧に関する費用は発注者の負担とする。

4　適合しない施工が発注者等の責めに帰すべき事由によるときは、受注者は前３項の責めを負わない。

第11条（損害の防止） 受注者は、工事の完成引渡しまで、自己の費用で、この契約の目的物、工事材料、建築設備の機器又は近接する工作物若しくは第三者に対する損害の防止のため、設計図書及び関係法令に基づき、工事と環境に相応した必要な処置をする。

2　この契約の目的物に近接する工作物の保護又はこれに関連する処置で、発注者及び受注者が協議して、前項の処置の範囲を超え、請負代金額に含むことが適当でないと認めたものの費用は発注者の負担とする。

3　受注者は、災害防止などのため特に必要と認めたときは、あらかじめ監理者の意見を求めて臨機の処置を取る。ただし、急を要するときは、処置をした後、発注者等に通知する。

4　発注者等が必要と認めて臨機の処置を求めたときは、受注者は、直ちにこれに応ずる。

5　前２項の処置に要した費用のうち、請負代金額に含むことが適当でないと認められるものの費用は発注者の負担とする。

第12条（第三者の損害） 施工のため、第三者の生命、身体に危害を及ぼし、財産などに損害を与えたとき又は第三者との間に紛争を生じたときは、受注者はその処理解決にあたる。ただし、発注者の責めに帰すべき事由によるときは、この限りでない。

2　前項に要した費用は受注者の負担とし、工期は延長しない。ただし、発注者の責めに帰すべき事由によって生じたときは、その費用は発注者の負担とし、必要があると認めるときは、受注者は工期の延長を求めることができる。

第13条（施工一般の損害） 工事の完成引渡しまでに、この契約の目的物、工事材料、建築設備の機器、支給材料、貸与品その他施工一般について生じた損害は、受注者の負担とし、工期は延長しない。

2　前項の損害のうち、次の各号のいずれかの場合に生じたものは、発注者の負担とし、受注者は、発注者に対してその理由を明示して必要と認められる工期の延長を求めることができる。

一　発注者の都合によって、受注者が着手期日までに工事に着手できなかったとき又は発注者が工事を繰延べ若しくは中止したとき。

二　前払又は部分払が遅れたため、受注者が工事に着手せず、又は工事を中止したとき。

三　その他発注者等の責めに帰すべき事由によるとき。

第14条（A）（危険負担） 天災その他自然的又は人為的な事象であって、発注者又は受注者のいずれにもその責めを帰することのできない事由（以下「不可抗力」という）によって、工事の出来形部分、工事仮設物、工事現場に搬入した工事材料、建築設備の機器又は施工用機器について損害が生じたときは、受注者は、事実発生後速やかにその状況を発注者に通知する。

2　前項の損害について、発注者及び受注者が協議して重大なものと認め、かつ、受注者が善良な管理者としての注意をしたと認められるものは、発注者がこれを負担する。

3　火災保険、建設工事保険その他損害をてん補するものがあるときは、それらの額を前項の発注者の負担額から控除する。

第14条（B）（危険負担） 天災その他自然的又は人為的な事象であって、発注者又は受注者のいずれにもその責めを帰することのできない事由（以下「不可抗力」という）によって、工事の出来形部分、工事仮設物、工事現場に搬入した工事材料、建築設備の機器又は施工用機器について損害が生じたときは、受注者は、事実発生後速やかにその状況を発注者に通知する。
2　前項の損害で重大なものについて受注者が善良な管理者の注意をしたと認められるときは、その損害額と発注者及び受注者の負担額とを発注者及び受注者が協議して定める。
3　火災保険、建設工事保険その他損害をてん補するものがあるときは、それらの額を損害額より控除したものを前項の損害額とする。

第14条（C）（危険負担） 天災その他自然的又は人為的な事象であって、発注者又は受注者のいずれにもその責めを帰することのできない事由（以下「不可抗力」という）によって、工事の出来形部分、工事仮設物、工事現場に搬入した工事材料、建築設備の機器又は施工用機器について損害が生じたときは、その損害は受注者の負担とする。

第15条（損害保険） 受注者は、工事中、工事の出来形部分及び工事現場に搬入した工事材料、建築設備の機器等に火災保険又は建設工事保険を付し、それらの証券の写しを発注者に提出する。設計図書に定められたその他の損害保険についても、同様とする。
2　受注者は、この契約の目的物又は工事材料、建築設備の機器等に前項の規定による保険以外の保険を付したときは、速やかにその旨を発注者に通知する。

第16条（完成及び検査） 受注者は、工事を完了したときは、設計図書の通りに実施されていることを確認して、発注者に対し、検査（発注者が立会いを監理者に委託した場合は、監理者の立会いの下に行う検査）を求める。
2　検査に合格しないときは、受注者は、工期内又は発注者（発注者がこの項の業務を監理者に委託した場合は、監理者）の指定する期間内に、修補し、又は改造して発注者に対し、検査（発注者が立会いを監理者に委託した場合は、監理者の立会いの下に行う検査）を求める。
3　受注者は、工期内又は設計図書の指定する期間内に、仮設物の取払い、後片付け等の処置を行う。ただし、処置の方法について発注者（発注者がこの項の業務を監理者に委託した場合は、監理者）の指示があるときは、当該指示に従って処置する。
4　前項の処置が遅れている場合において、催告しても正当な理由がなくなお行われないときは、発注者（発注者がこの項の業務を監理者に委託した場合は、監理者）は、代わってこれを行い、その費用を受注者に請求することができる。

第17条（法定検査） 前条の規定にかかわらず、受注者は、法定検査（建築基準法（昭和25年法律第201号）第７条から第７条の４までに規定する検査その他設計図書に定める法令上必要とされる関係機関による検査のうち、発注者が申請者となっているものをいう。以下同じ）に先立つ適切な時期に、工事の内容が設計図書の通りに実施されていることを確認して、発注者に対し、検査（発注者が立会いを監理者に委託した場合は、監理者の立会いの下に行う検査）を求める。

2　前項の検査に合格しないときは、受注者は、工期内又は発注者（発注者がこの項の業務を監理者に委託した場合は、監理者）の指定する期間内に、修補し、又は改造して発注者に対し、検査（発注者が立会いを監理者に委託した場合は、監理者の立会いの下に行う検査）を求める。

3　発注者は、受注者及び監理者立会いの下、法定検査を受ける。この場合において、受注者は、必要な協力をする。

4　法定検査に合格しないときは、受注者は、修補、改造その他必要な処置を行い、その後については、前３項の規定を準用する。

5　第２項及び前項の規定にかかわらず、所定の検査に合格しなかった原因が受注者の責めに帰すことのできない事由によるときは、必要な処置内容につき、発注者及び受注者が協議して定める。

6　受注者は、発注者に対し、前項の協議で定められた処置の内容に応じて、その理由を明示して必要と認められる工期の延長又は請負代金額の変更を求めることができる。

第18条（請求、支払い） 契約書の定めるところにより受注者が部分払又は中間前払の支払いを求めるときは、監理者の承認を得て、請求書を支払日５日前に発注者に提出する。

2　工事完成後、検査に合格したとき、受注者は発注者に請負代金の支払いを求め、発注者は契約の目的物の引渡しを受けると同時に、受注者に請負代金の支払いを完了する。

3　発注者が前項の引渡しを受けることを拒み、又は引渡しを受けることができない場合において、受注者は、引渡しを申し出たときからその引渡しをするまで、自己の財産に対するのと同一の注意をもって、その物を保存すれば足りる。

4　前項の場合において、受注者が自己の財産に対するのと同一の注意をもって管理したにもかかわらずこの契約の目的物に生じた損害及び受注者が管理のために特に要した費用は、発注者の負担とする。

第19条（著しく短い工期の禁止） 発注者は、工期の変更をするときは、変更後の工期を建設工事を施工するために通常必要と認められる期間に比して著しく短い期間としてはならない。

第20条（工事の変更） 発注者は、必要によって工事を追加し、若しくは変更し、又は工事を一時中止することができる。

2　前項の場合において、請負代金額又は工期を変更する必要があるときは、発注者と受注者とが協議して定める。

第21条（工期の変更） 不可抗力によるとき又は正当な理由があるときは、受注者は、速やかにその事由を示して、発注者に工期の延長を求めることができる。この場合において、工期の延長日数は、受注者及び発注者が協議して定める。

第22条（請負代金の変更） 発注者又は受注者は、次の各号のいずれかに該当するときは、相手方に対して、その理由を明示して必要と認められる請負代金額の変更を求めることができる。

一　工事の追加又は変更があったとき。

二　工期の変更があったとき。

三　契約期間内に予期することのできない法令の制定若しくは改廃又は経済事情の激変等によって、請負代金額が明らかに適当でないと認められるとき。

四　中止した工事又は災害を受けた工事を続行する場合において、請負代金額が明らかに適当でないと認められるとき。

2　請負代金額を変更するときは、原則として、工事の減少部分については監理者の確認を受けた請負代金内訳書の単価により、増加部分については時価による。

第23条（契約不適合責任） 発注者は、引き渡された工事目的物が種類又は品質に関して契約の内容に適合しないもの（以下「契約不適合」という）であるときは、受注者に対し、書面をもって、目的物の修補又は代替物の引渡しによる履行の追完を請求することができる。ただし、その履行の追完に過分の費用を要するときは、発注者は履行の追完を請求することができない。

2　前項の場合において、受注者は、発注者に不相当な負担を課するものでないときは、発注者が請求した方法と異なる方法による履行の追完をすることができる。

3　第１項の場合において、発注者が相当の期間を定めて、書面をもって、履行の追完を催告し、その期間内に履行の追完がないときは、発注者は、その不適合の程度に応じて、書面をもって、代金の減額を請求することができる。ただし、次の各号のいずれかに該当する場合は、催告をすることなく、直ちに代金の減額を請求することができる。

一　履行の追完が不能であるとき。

二　受注者が履行の追完を拒絶する意思を明確に表示したとき。

三　工事目的物の性質又は当事者の意思表示により、特定の日時又は一定の期間内に履行しなければ契約をした目的を達することができない場合において、受注者が履行の追完をしないでその時期を経過したとき。

四　前３号に掲げる場合の他、発注者がこの項の規定による催告をしても履行の追完を受ける見込みがないことが明らかであるとき。

第24条（発注者の中止権及び任意解除権） 発注者は、工事が完成するまでの間は、必要があると認めるときは、書面をもって受注者に通知して工事を中止し、又はこの契約を解除することができる。この場合において、発注者はこれによって生じる受注者の損害を賠償する。

2　発注者は、書面をもって受注者に通知して、前項で中止された工事を再開させることができる。

3　第１項により中止された工事が再開された場合、受注者は、発注者に対して、その理由を明示して、必要と認められる工期の延長を請求することができる。

4　第１項又は第２項に規定する手続がとられた場合、発注者は書面をもって監理者に通知し、前項の請求が行われた場合、受注者は書面をもって監理者に通知する。

第25条（発注者の中止権及び催告による解除権） 発注者は、次の各号のいずれかに該当するときは、書面をもって受注者に通知して工事を中止し、又は相当の期間を定めてその履行の催告を書面をもって受注者に通知しその期間内に履行がないときはこの契約を解除することができる。ただし、その期間を経過した時における債務の不履行がこの契約及び取引上の社会通念に照らして軽微であるときは、この限りでない。

一　受注者が第４条第４項の報告を拒否したとき又は虚偽の報告をしたとき。

二　受注者が正当な理由なく、着手期日を過ぎても工事に着手しないとき。

三　工事が正当な理由なく工程表より著しく遅れ、工期内又は期限後相当期間内に、受注者が工事を完成する見込みがないと認められるとき。

四　受注者が第10条第１項の規定に違反したとき。

五　受注者が正当な理由なく、第23条第１項の履行の追完を行わないとき。

六　前各号に掲げる場合の他、受注者がこの契約に違反したとき。

2　発注者は、書面をもって受注者に通知して、前項で中止された工事を再開させることができる。

3　前２項に規定する手続がとられた場合、発注者は書面をもって監理者に通知する。

第26条（発注者の催告によらない解除権） 発注者は、次の各号のいずれかに該当するときは、書面をもって受注者に通知し、直ちにこの契約を解除することができる。

一　受注者が第４条第１項の規定に違反して、請負代金債権を譲渡したとき。

二　受注者が第４条第３項の規定に違反して譲渡により得た資金を当該工事の施工以外に使用したとき。

三　受注者がこの契約の目的物を完成させることができないことが明

らかであるとき。

四　受注者が第３条の規定に違反したとき。

五　受注者が建設業の許可を取り消されたとき又はその許可が効力を失ったとき。

六　資金不足による手形又は小切手の不渡りを出す等受注者が支払いを停止する等により、受注者が工事を続行できないおそれがあると認められるとき。

七　引き渡された工事目的物に契約不適合がある場合において、その不適合が目的物を除却した上で再び建設しなければ、契約の目的を達成することができないものであるとき。

八　受注者がこの契約の目的物の完成の債務の履行を拒絶する意思を明確に表示したとき。

九　受注者の債務の一部の履行が不能である場合又は受注者がその債務の一部の履行を拒絶する意思を明確に表示した場合において、残存する部分のみでは契約をした目的を達することができないとき。

十　契約の目的物の性質や当事者の意思表示により、特定の日時又は一定の期間内に履行しなければ契約をした目的を達することができない場合において、受注者が履行をしないでその時期を経過したとき。

十一　前各号に掲げる場合の他、受注者がその債務の履行をせず、発注者が前条の催告をしても契約をした目的を達するのに足りる履行がされる見込みがないことが明らかであるとき。

十二　受注者が第29条第１項及び第30条第１項各号のいずれかに規定する理由がないにもかかわらず、この契約の解除を申し出たとき。

２　前項に規定する手続がとられた場合、発注者は書面をもって監理者に通知する。

第27条（発注者の責めに帰すべき事由による場合の解除の制限） 第25条第１項各号又は前条第１項各号に定める場合が発注者の責めに帰すべき事由によるものであるときは、発注者は、第25条第１項及び前条第１項の規定による契約の解除をすることができない。

第28条（受注者の中止権） 受注者は、発注者が前払又は部分払の支払いを遅滞し、相当の期間を定めて、書面をもって催告してもなお支払いをしないときは、発注者に書面をもって通知し、工事を中止することができる。

2　前項に規定する手続がとられた場合、受注者は、書面をもって監理者に通知する。

第29条（受注者の催告による解除権） 受注者は、発注者がこの契約に違反したときは、相当の期間を定めてその履行の催告をし、その期間内に履行がないときは、この契約を解除することができる。ただし、その期間を経過した時における債務の不履行がこの契約及び取引上の社会通念に照らして軽微であるときは、この限りでない。

2　前項に規定する手続がとられた場合、受注者は書面をもって監理者に通知する。

第30条（受注者の催告によらない解除権） 受注者は、次の各号のいずれかに該当するときは、書面をもって発注者に通知し、直ちにこの契約を解除することができる。

一　受注者の責めに帰すことができない工事の遅延又は中止期間が工期の３分の１以上、又は２か月に達したとき。

二　発注者が工事を著しく減少させたため、請負代金が３分の２以上減少したとき。

三　発注者が請負代金の支払能力を欠くと認められるとき。

2　前項に規定する手続がとられた場合、受注者は書面をもって監理者に通知する。

第31条（受注者の責めに帰すべき事由による場合の解除の制限） 第29条第１項又は前条第１項各号に定める場合が受注者の責めに帰すべき事由によるものであるときは、受注者は、第29条第１項又は前条第１項の規定による契約の解除をすることができない。

第32条（解除に伴う措置） 工事の完成前にこの契約が解除されたときは、発注者が工事の出来形部分並びに検査済の工事材料及び建築設備の機器（有償支給材料を含む）を引き受けるものとし、受ける利益の割合に応じて受注者に請負代金を支払わなければならない。

2　前項の場合において、前払金額に残額のあるときは、受注者はその残額について前払金額受領の日から利子を付けてこれを発注者に返さなければならない。ただし、前項の解除が第24条第１項、第29条第１項又は第30条第１項の規定によるときは、利子については適用しない。

3　第１項に規定する場合において、前２項の規定の他解除に伴い生じる事項の処理については発注者及び受注者が民法の規定に従って協議して決める。

4　工事の完成後にこの契約が解除された場合は、解除に伴い生じる事項の処理については発注者及び受注者が民法の規定に従って協議して決める。

第33条（発注者の損害賠償請求等） 発注者は、次の各号のいずれかに該当する場合は、これによって生じた損害の賠償を請求することができる。ただし、当該各号に定める場合がこの契約及び取引上の社会通念に照らして受注者の責めに帰することができない事由によるものであるときは、この限りでない。

一　受注者が契約期間内にこの契約の目的物を引き渡すことができないとき。

二　この工事目的物に契約不適合があるとき。

三　第25条第１項又は第26条第１項（第６号を除く）の規定によりこの契約が解除されたとき。

四　前３号に掲げる場合の他、受注者が債務の本旨に従った履行をしないとき又は債務の履行が不能であるとき。

2　前項第１号の場合においては、契約書の定めるところにより、発注者は、受注者に対し、延滞日数に応じて、請負代金額に対し年14.6％以内の割合で計算した額の違約金を請求することができるものとする。

3　受注者が履行の遅滞にあるときは、この契約の目的物に生じた損害は受注者の負担とし、不可抗力の理由によってその責めを免れることはできない。

第34条（受注者の損害賠償請求等） 受注者は、次の各号のいずれかに該当する場合は、これによって生じた損害の賠償を請求することができる。ただし、当該各号に定める場合がこの契約及び取引上の社会通念に照らして発注者の責めに帰することができない事由によるものであるときは、この限りでない。

一　第28条第１項の規定によりこの工事が中止されたとき。
二　第29条第１項又は第30条第１項の規定によりこの契約が解除されたとき。
三　前２号に掲げる場合の他、発注者が債務の本旨に従った履行をしないとき又は債務の履行が不能であるとき。

2　発注者が第18条第２項の請負代金の支払いを完了しないときは、受注者は、発注者に対し、延滞日数に応じて、支払遅滞額に対し年14.6％以内の割合で計算した額の違約金を請求することができる。

3　発注者が前払又は部分払を遅滞しているときは、前項の規定を準用する。

4　発注者が第２項の遅滞にあるときは、受注者は、この契約の目的物の引渡しを拒むことができる。

5　第18条第３項及び第４項の規定は、前項の規定による引渡しの拒否について準用する。

第35条（契約不適合責任期間等）発注者は、引き渡された工事目的物に関し、第18条第２項に規定する引渡し（以下この条において単に「引渡し」という）を受けた日から２年以内でなければ、契約不適合を理由とした履行の追完の請求、損害賠償の請求、代金の減額の請求又は契約の解除（以下この条において「請求等」という）をすることができない。

2　前項の規定にかかわらず、建築設備の機器本体、室内の仕上げ・装飾、家具、植栽等の契約不適合については、引渡しの時、発注者が検査して直ちにその履行の追完を請求しなければ、受注者は、その責任を負わない。ただし、当該検査において一般的な注意の下で発見できなかった契約不適合については、引渡しを受けた日から１年が経過する日まで請求等をすることができる。

3　前２項の請求等は、具体的な契約不適合の内容、請求する損害額の算定の根拠等当該請求等の根拠を示して、発注者の契約不適合責任を問う意思を明確に告げることで行う。

4　発注者が第１項又は第２項に規定する契約不適合に係る請求等が可能な期間（以下この項及び第７項において「契約不適合責任期間」と

いう）のうちに契約不適合を知り、その旨を受注者に通知した場合において、発注者が通知から１年が経過する日までに前項に規定する方法による請求等をしたときは、契約不適合責任期間のうちに請求等をしたものとみなす。

5　発注者は、第１項又は第２項の請求等を行ったときは、当該請求等の根拠となる契約不適合に関し、民法の消滅時効の範囲で、当該請求等以外に必要と認められる請求等をすることができる。

6　前各項の規定は、契約不適合が受注者の故意又は重過失により生じたものであるときには適用せず、契約不適合に関する受注者の責任については、民法の定めるところによる。

7　民法第637条第１項の規定は、契約不適合責任期間については適用しない。

8　この契約が、住宅の品質確保の促進等に関する法律（平成11年法律第81号）第94条第１項に規定する住宅新築請負契約である場合には、工事目的物のうち住宅の品質確保の促進等に関する法律施行令（平成12年政令第64号）第５条に定める部分の瑕疵（構造耐力又は雨水の浸入に影響のないものを除く）について請求等を行うことのできる期間は、10年とする。この場合において、前各項の規定は適用しない。

9　引き渡された工事目的物の契約不適合が支給材料の性質又は発注者若しくは監理者の指図により生じたものであるときは、発注者は当該契約不適合を理由として、請求等をすることができない。ただし、受注者がその材料又は指図の不適当であることを知りながらこれを通知しなかったときは、この限りでない。

第36条（A）（紛争の解決） この契約について発注者と受注者との間に紛争が生じたときは、契約書記載の調停人にその解決を依頼するか、又は建設業法による建設工事紛争審査会（以下「審査会」という）のあっせん又は調停によってその解決を図る。この場合において、審査会の管轄について発注者と受注者との間で特別の合意がないときは、同法第25条の９第１項又は第２項に定める審査会を管轄審査会とする。

2　発注者又は受注者が前項により紛争を解決する見込みがないと認めたとき、又は審査会があっせん若しくは調停をしないものとしたとき、又は打ち切ったときは、発注者又は受注者は、仲裁合意書に基づいて審査会の仲裁に付することができる。

3　発注者又は受注者は、申し出により、この約款の各条項の規定により行う発注者と受注者との間の協議に第1項の調停人を立ち会わせ、当該協議が円滑に整うよう必要な助言又は意見を求めることができる。

4　前項の規定により調停人の立会いの下で行われた協議が整わなかったときに発注者が定めたものに受注者が不服がある場合で、発注者又は受注者の一方又は双方が第1項の調停人のあっせん又は調停により紛争を解決する見込みがないと認めたときは、同項の規定にかかわらず、発注者及び受注者は、審査会のあっせん又は調停によりその解決を図る。

第36条（B）（紛争の解決）この契約について発注者と受注者との間に紛争が生じたときは、建設業法による建設工事紛争審査会（以下「審査会」という）のあっせん又は調停によってその解決を図る。この場合において、審査会の管轄について発注者と受注者との間で特別の合意がないときは、同法第25条の9第1項又は第2項に定める審査会を管轄審査会とする。

2　発注者又は受注者が前項により紛争を解決する見込みがないと認めたとき、又は審査会があっせん若しくは調停をしないものとしたとき、又は打ち切ったときは、発注者又は受注者は、仲裁合意書に基づいて審査会の仲裁に付することができる。

第37条（情報通信の技術を利用する方法）この約款において書面により行わなければならないこととされている催告、請求、通知、承諾、解除等は、建設業法その他の法令に違反していない限りにおいて、電子情報処理組織を使用する方法その他の情報通信の技術を利用する方法を用いて行うことができる。ただし、当該方法は書面の交付に準ずるものでなければならない。

第38条（補則）この契約に定めのない事項については、必要に応じて発注者及び受注者が協議して定める。

Point

1　どんな契約なのか

建設工事請負契約において、当事者（特に発注者）の意思表示の不明確さや不完全さを伴っていると、建設工事に関わる紛争が生じやすい。また、請負契約を締結する当事者間の力関係が一方的である場合（発注者の方が知識・経験的に弱い立場に置かれている場合が多い)、契約条件が一方にだけ有利に定められやすいといえる。

そこで消費者保護の観点から、建設業法19条では建設工事の請負契約の書面化を義務としているが、建設工事標準請負契約約款はこの建設業法19条に適合する契約書として国土交通省が公表しているもので、建設業界で広く使用されている。中央建設業審議会や業界団体が制定している建設工事の請負契約のモデル契約書のことを建設工事標準請負契約という。

民間建設工事標準請負契約約款は、建設工事標準請負契約の一種で中央建設業審議会が民間工事に関して制定している。本書式は、個人住宅建築等の民間小規模工事の請負についての民間建設工事標準請負契約約款（乙）を一部修正・抜粋したものである。建設工事標準請負契約約款については、令和元年12月に改正が行われている。

詳細やその他の約款については、国土交通省のホームページ（https://www.mlit.go.jp/index.html）の建設業課のところで見ることができる。

2　契約書作成上の注意点

① 第３条（一括委任又は一括下請負の禁止）において、戸建て住宅または長屋の新築工事など共同住宅の新築工事以外の工事については、「ただし、あらかじめ発注者の書面による承諾を得た場合は、この限りでない。」とのただし書きを追記することができる。

② 第４条（権利義務の承継等）の（A）（B）の規定については、いずれかを選択して使用する。

③ 第４条（A）において、承諾を行う場合としては、たとえば、受注者が第16条第１項または第２項の検査に合格した後に請負代金債権を譲渡する場合や、工事に係る請負代金債権を担保として資金を借り入れようとする場合（受注者が、「下請セーフティネット債務保証事

業」により資金を借り入れようとする等の場合）が該当する。

④ 第４条（Ｂ）において、承諾を行う場合としては、たとえば、受注者が第16条第１項または第２項の検査に合格した後に請負代金債権を譲渡する場合が該当する。

⑤ 第14条（危険負担）の（Ａ）（Ｂ）または（Ｃ）の規定については、いずれかを選択して使用する。

⑥ 第25条（発注者の中止権及び催告による解除権）の第１号の規定は第４条（Ｂ）を選択した場合に使用する。第４条（Ａ）を選択した場合は削除する必要がある。

⑦ 第26条（発注者の催告によらない解除権）第２号の規定は第４条（Ｂ）を選択した場合に使用する。第４条（Ａ）を選択した場合は削除する必要がある。

⑧ 第35条（契約不適合責任期間等）第８項の規定は、住宅の品質確保の促進等に関する法律第94条第１項に規定する住宅新築請負契約の場合に使用する。

⑨ 第36条（Ａ）第３項及び第４項は、紛争の解決において、調停人を協議に参加させない場合には、削除する必要がある。

⑩ 第36条（Ｂ）は、あらかじめ調停人を選任せず、建設業法による建設工事紛争審査会により紛争の解決を図る場合に使用する。あらかじめ調停人を選任する場合は第36条（Ａ）を使用する。

マンション標準管理委託契約書

○○マンション管理委託契約書

○○マンション管理組合（以下「甲」という）と○○マンション管理株式会社（以下「乙」という）は、○○マンション（以下「本マンション」という）の管理に関し、次の通り管理委託契約（以下「本契約」という）を締結する。

第１条（総則） 甲は、本マンションの管理に関する業務を、次条以下に定めるところにより、乙に委託し、乙はこれを受託する。

第２条（本マンションの表示及び管理対象部分） 本マンションの表示及び管理事務（本マンションの管理に関する業務のうち、甲が乙に委託する業務をいう。以下同じ）の対象となる部分は、次の通りである。

① 名　称

② 所在地

③ 敷　地

面　積

権利形態

④ 建　物

構造等　○○造地上○階建地下○階建共同住宅

建築面積　　　㎡

延床面積　　　㎡

専有部分　住宅○戸

⑤ 管理対象部分

イ 敷　地

ロ 専有部分に属さない建物の部分（規約共用部分を除く）

エントランスホール、廊下、階段、エレベーターホール、共用トイレ、屋上、屋根、塔屋、ポンプ室、自家用電気室、機械室、受水槽室、高置水槽室、パイプスペース、内外壁、床、天井、柱、バルコニー、風除室

ハ　専有部分に属さない建物の附属物

エレベーター設備、電気設備、給水設備、排水設備、テレビ共同受信設備、消防・防災設備、避雷設備、各種の配線・配管、オートロック設備、宅配ボックス

ニ　規約共用部分

管理事務室、管理用倉庫、清掃員控室、集会室、トランクルーム、倉庫

ホ　附属施設

塀、フェンス、駐車場、通路、自転車置場、ゴミ集積所、排水溝、排水口、外灯設備、植栽、掲示板、専用庭、プレイロット

第３条（管理事務の内容及び実施方法） 管理事務の内容は、次の通りとし、別表第１から別表第４に定めるところにより実施する。

① 事務管理業務（別表第１に掲げる業務）

② 管理員業務（別表第２に掲げる業務）

③ 清掃業務（別表第３に掲げる業務）

④ 建物・設備管理業務（別表第４に掲げる業務）

第４条（第三者への再委託） 乙は、前条第１号の管理事務の一部又は同条第２号、第３号若しくは第４号の管理事務の全部若しくは一部を、第三者に再委託することができる。

２　乙が前項の規定に基づき管理事務を第三者に再委託した場合においては、乙は、再委託した管理事務の適正な処理について、甲に対して、責任を負う。

第５条（善管注意義務） 乙は、善良なる管理者の注意をもって管理事務を行うものとする。

第６条（管理事務に要する費用の負担及び支払方法） 甲は、管理事務として乙に委託する事務（別表第１から別表第４までに定める事務）のため、乙に委託業務費を支払うものとする。

２　甲は、前項の委託業務費のうち、その負担方法が定額でかつ精算を要しない費用（以下「定額委託業務費」という）を、乙に対し、毎月、次の通り支払うものとする。

① 定額委託業務費の額

合計月額○○円

消費税及び地方消費税抜き価格　○○円

消費税額及び地方消費税額（以下、本契約において「消費税額等」という）　○○円

内訳は、別紙1の通りとする。

② 支払期日及び支払方法

毎月○日までにその○月分を、乙が指定する口座に振り込む方法により支払う。

③ 日割計算

期間が1か月に満たない場合は当該月の暦日数によって日割計算を行う（1円未満は四捨五入とする）。

3 第1項の委託業務費のうち、定額委託業務費以外の費用の額（消費税額等を含む）は別紙2の通りとし、甲は、各業務終了後に、甲及び乙が別に定める方法により精算の上、乙が指定する口座に振り込む方法により支払うものとする。

4 甲は、第1項の委託業務費の他、乙が管理事務を実施するのに伴い必要となる水道光熱費、通信費、消耗品費等の諸費用を負担するものとする。

第7条（管理事務室等の使用） 甲は、乙に管理事務を行わせるために不可欠な管理事務室、管理用倉庫、清掃員控室、器具、備品等（次項において「管理事務室等」という）を無償で使用させるものとする。

2 乙の管理事務室等の使用に係る費用の負担は、次の通りとする。

① ○○○○費 甲（又は乙）の負担とする。

② ○○○○費 甲（又は乙）の負担とする。

③ ○○○○費 甲（又は乙）の負担とする。

④ ○○○○費 甲（又は乙）の負担とする。

第8条（緊急時の業務） 乙は、第3条の規定にかかわらず、次の各号に掲げる災害又は事故等の事由により、甲のために、緊急に行う必要がある業務で、甲の承認を受ける時間的な余裕がないものについては、甲の承認を受けないで実施することができる。この場合において、乙は、速やかに、書面をもって、その業務の内容及びその実施に要した費用の額を甲に通知しなければならない。

①　地震、台風、突風、集中豪雨、落雷、雪、噴火、ひょう、あられ等
②　火災、漏水、破裂、爆発、物の飛来若しくは落下又は衝突、犯罪等

2　甲は、乙が前項の業務を遂行する上でやむを得ず支出した費用については、速やかに、乙に支払わなければならない。ただし、乙の責めによる事故等の場合はこの限りでない。

第9条（管理事務の報告等） 乙は、甲の事業年度終了後○か月以内に、甲に対し、当該年度における管理事務の処理状況及び甲の会計の収支の結果を記載した書面を交付し、管理業務主任者をして、報告をさせなければならない。

2　乙は、毎月末日までに、甲に対し、前月における甲の会計の収支状況に関する書面を交付しなければならない。

3　乙は、甲から請求があるときは、管理事務の処理状況及び甲の会計の収支状況について報告を行わなければならない。

4　前３項の場合において、甲は、乙に対し、管理事務の処理状況及び甲の会計の収支に係る関係書類の提示を求めることができる。

第10条（管理費等滞納者に対する督促） 乙は、第３条第１号の業務のうち、出納業務を行う場合において、甲の組合員に対し別表第１の１⑵②による管理費、修繕積立金、使用料その他の金銭（以下「管理費等」という）の督促を行っても、なお当該組合員が支払わないときは、その責めを免れるものとし、その後の収納の請求は甲が行うものとする。

2　前項の場合において、甲が乙の協力を必要とするときは、甲及び乙は、その協力方法について協議するものとする。

第11条（有害行為の中止要求） 乙は、管理事務を行うため必要なときは、甲の組合員及びその所有する専有部分の占有者（以下「組合員等」という）に対し、甲に代わって、次の各号に掲げる行為の中止を求めることができる。

①　法令、管理規約又は使用細則に違反する行為
②　建物の保存に有害な行為
③　所轄官庁の指示事項等に違反する行為又は所轄官庁の改善命令を受けるとみられる違法若しくは著しく不当な行為
④　管理事務の適正な遂行に著しく有害な行為

⑤　組合員の共同の利益に反する行為
⑥　前各号に掲げるものの他、共同生活秩序を乱す行為

2　乙が、前項の規定により中止を求めても、なお甲の組合員等がその行為を中止しないときは、乙はその責めを免れるものとし、その後の中止等の要求は甲が行うものとする。

第12条（通知義務） 甲及び乙は、本マンションにおいて滅失、毀損、瑕疵等の事実を知った場合においては、速やかに、その状況を相手方に通知しなければならない。

2　甲及び乙は、次の各号に掲げる場合においては、速やかに、書面をもって、相手方に通知しなければならない。

①　甲の役員又は組合員が変更したとき
②　甲の組合員がその専有部分を第三者に貸与したとき
③　乙が商号又は住所を変更したとき
④　乙が合併又は会社分割したとき
⑤　乙がマンションの管理の適正化の推進に関する法律（平成12年法律第149号）の規定に基づき処分を受けたとき
⑥　乙が第18条第２項第１号及び第２号に掲げる事項に該当したとき

第13条（専有部分等への立入り） 乙は、管理事務を行うため必要があるときは、甲の組合員等に対して、その専有部分又は専用使用部分（以下「専有部分等」という）への立入りを請求することができる。

2　前項の場合において、乙は、甲の組合員等がその専有部分等への立入りを拒否したときは、その旨を甲に通知しなければならない。

3　第１項の規定にかかわらず、乙は、第８条第１項各号に掲げる災害又は事故等の事由により、甲のために緊急に行う必要がある場合、専有部分等に立ち入ることができる。この場合において、乙は、甲及び乙が立ち入った専有部分等に係る組合員等に対し、事後速やかに、報告をしなければならない。

第14条（管理規約の提供等） 乙は、宅地建物取引業者が、甲の組合員から、当該組合員が所有する専有部分の売却等の依頼を受け、その媒介等の業務のために、理由を付した書面又は電磁的方法により管理規約の提供及び別表第５に掲げる事項の開示を求めてきたときは、甲に代

わって、当該宅地建物取引業者に対し、管理規約の写しを提供し、及び別表第5に掲げる事項について書面をもって、又は電磁的方法により開示するものとする。甲の組合員が、当該組合員が所有する専有部分の売却等を目的とする情報収集のためにこれらの提供等を求めてきたときも、同様とする。

2　乙は、前項の業務に要する費用を管理規約の提供等を行う相手方から受領することができるものとする。

3　第1項の場合において、乙は、当該組合員が管理費等を滞納しているときは、甲に代わって、当該宅地建物取引業者に対し、その清算に関する必要な措置を求めることができるものとする。

第15条（乙の使用者責任）乙は、乙の従業員が、その業務の遂行に関し、甲又は甲の組合員等に損害を及ぼしたときは、甲又は甲の組合員等に対し、使用者としての責任を負う。

第16条（守秘義務等）乙及び乙の従業員は、正当な理由がなく、管理事務に関して知り得た甲及び甲の組合員等の秘密を漏らしてはならない。この契約が終了した後においても、同様とする。

2　乙は、甲の組合員等に関する個人情報について、その適正な取扱いを確保しなければならない。

第17条（免責事項）乙は、甲又は甲の組合員等が、第8条第1項各号に掲げる災害又は事故等（乙の責めによらない場合に限る）による損害及び次の各号に掲げる損害を受けたときは、その損害を賠償する責任を負わないものとする。

①　乙が善良なる管理者の注意をもって管理事務を行ったにもかかわらず生じた管理対象部分の異常又は故障による損害

②　乙が、書面をもって注意喚起したにもかかわらず、甲が承認しなかった事項に起因する損害

③　前各号に定めるものの他、乙の責めに帰することができない事由による損害

第18条（契約の解除）甲及び乙は、その相手方が、本契約に定められた義務の履行を怠った場合は、相当の期間を定めてその履行を催告し、相手方が当該期間内に、その義務を履行しないときは、本契約を解除

することができる。この場合、甲又は乙は、その相手方に対し、損害賠償を請求することができる。

2　甲は、乙が次の各号のいずれかに該当するときは、本契約を解除することができる。

① 乙が銀行の取引を停止されたとき、若しくは破産、会社更生、民事再生の申立てをしたとき、又は乙が破産、会社更生、民事再生の申立てを受けたとき

② 乙が合併又は破産以外の事由により解散したとき

③ 乙がマンション管理業の登録の取消の処分を受けたとき

第19条（解約の申入れ） 前条の規定にかかわらず、甲及び乙は、その相手方に対し、少なくとも３か月前に書面で解約の申入れを行うことにより、本契約を終了させることができる。

第20条（本契約の有効期間） 本契約の有効期間は、令和○年○月○日から令和○年○月○日までとする。

第21条（契約の更新） 甲又は乙は、本契約を更新しようとする場合、本契約の有効期間が満了する日の３か月前までに、その相手方に対し、書面をもって、その旨を申し出るものとする。

2　本契約の更新について申し出があった場合において、その有効期間が満了する日までに更新に関する協議が整う見込みがないときは、甲及び乙は、本契約と同一の条件で、期間を定めて暫定契約を締結することができる。

第22条（法令改正に伴う契約の変更） 甲及び乙は、本契約締結後の法令改正に伴い管理事務又は委託業務費を変更する必要が生じたときは、協議の上、本契約を変更することができる。ただし、消費税法等の税制の制定又は改廃により、税率等の改定があった場合には、委託業務費のうちの消費税額等は、その改定に基づく額に変更する。

第23条（誠実義務等） 甲及び乙は、本契約に基づく義務の履行について、信義を旨とし、誠実に行わなければならない。

2　本契約に定めのない事項又は本契約について疑義を生じた事項については、甲及び乙は、誠意をもって協議するものとする。

第24条（反社会的勢力の排除） 乙は、甲に対し、次の各号の事項を確

約する。

一　自らが、暴力団、暴力団関係企業、総会屋若しくはこれらに準ずる者又はその構成員（以下これらを総称して「反社会的勢力」という）ではないこと。

二　自らの役員（業務を執行する社員、取締役、執行役又はこれらに準ずる者をいう）が反社会的勢力ではないこと。

三　反社会的勢力に自己の名義を利用させ、本契約を締結するものではないこと。

四　本契約の有効期間内に、自ら又は第三者を利用して、次の行為をしないこと。

イ　相手方に対する脅迫的な言動又は暴力を用いる行為

ロ　偽計又は威力を用いて相手方の業務を妨害し、又は信用を棄損する行為

2　乙について、本契約の有効期間内に、次の各号のいずれかに該当した場合には、甲は何らの催告を要せずして、本契約を解除することができる。

一　前項第１号又は前項第２号の確約に反する申告をしたことが判明した場合

二　前項第３号の確約に反し契約をしたことが判明した場合

三　前項第４号の確約に反する行為をした場合

第25条（合意管轄裁判所） 本契約に起因する紛争に関し、訴訟を提起する必要が生じたときは、本マンションの所在地を管轄する○○地方（簡易）裁判所を第一審管轄裁判所とするものとする。

本契約の成立の証として契約書２通を作成し、甲及び乙が記名押印した上、各自１通を保有するものとする。

令和○年○月○日

東京都○○区○○町○丁目○番地
○○マンション
代表者　○○○○　　　　㊞

埼玉県○○市○○町○丁目○番地
○○マンション管理株式会社
代表者　○○○○　　　　　㊞
代表者以外の者（支店長等）が契約当事者となる場合
乙　住　所
商　号
代表者
契約当事者（支店長等）　㊞
管理業務主任者　　　　　㊞

Point

本書式は、国土交通省が公表しているマンション標準管理委託契約書を一部修正・抜粋（別表・別紙は省略している）したもので、マンション管理に関する委託業務の内容及び範囲を明確にし、後日のトラブルを未然に防ぐことを目的とする。マンション標準管理委託契約書は、管理組合と管理業者の間で協議が成立した事項を記載した管理委託契約書を、マンション管理適正化法73条の「契約成立時の書面」として交付する場合の指針として定められたものである。

もっとも、マンション管理のトラブルに備え、管理業者が管理業務に必要な各部屋の専有部分等（専有部分または専有使用部分）に立ち入る立入権を定めておく必要がある（第13条）。管理業者は、専有部分等に係る組合員等の承諾を得て立ち入るのが原則であるが、災害や事故の発生を想定し、緊急時の立ち入りは事後報告でよいとする条項を定める（第13条第３項）ことで、万が一の場合に管理業者が迅速な対応をすることが可能になる。

マンションの管理方法については、管理組合の業務として個々のマンションの管理規約にも定めが置かれているのが通常である。管理業者に管理を委託する場合には、管理規約の条項を確認して契約書を作成する必要がある。

なお、マンションの管理委託契約書は契約の性質が委任であるため、印紙税の課税対象にはならず、収入印紙の貼付は不要である。

書式
3 賃貸不動産管理委任契約書

賃貸不動産管理委任契約書

○○○○（以下、「甲」という）と××不動産株式会社（以下、「乙」という）は、甲所有の別紙物件目録記載の不動産（以下、「本件不動産」という）の管理の委託に関して、次の通り契約する。

第１条（本契約の目的） 本契約は、甲が乙に対し、甲所有の不動産の管理につき、これを委任し、乙がその業務を行うことを目的とする。

第２条（管理内容の明示及び委任） 甲は、乙に対し、本件不動産に関し、次の行為をなすことを委任し、乙はこれを承諾した。

① 賃貸借契約の締結、改定及び解約

② 賃料等の請求及び受領

③ 共益費の請求及び受領

④ 賃料等の値上げがある場合についての説明、請求及び受領

⑤ 本件不動産の清掃、保守

⑥ 本件不動産の保存、修繕等に必要な工事の発注その他の行為

⑦ 前６号に関連する一切の行為

第３条（報酬とその支払方法） 業務委託報酬は、乙が第２条第２号により受領する賃料の○割とする。

第４条（業務報告等） 乙は、紛争の存在等本件不動産に関し、知り得た事項については、遅滞なく甲に報告し、甲の指示に従って、交渉の代行その他本件不動産の管理上、必要な行為を行うものとする。

２ 前項の事項が、賃貸借関係において、通常生ずべき事項に属さない場合であっても、前項の適用を受ける。

第５条（受領した金銭等、引渡時期） 乙は、本件不動産の賃借人より受領した賃料等を、毎月末日締切計算の上、翌月15日までに、甲に引き渡さなければならない。

２ 乙は、前項の引渡しを、受領した賃料等から第３条に定める報酬相

当額を差し引いた残額を甲指定の銀行口座に振り込む方法で行う。

第６条（費用の負担） 乙が委託された業務を行うために必要となる設備の点検・補修にかかる費用は、甲が負担するものとする。なお、緊急の場合を除いては、施工前に甲の承諾を得ることを要する。

第７条（費用等の立替） 乙は、本件不動産の管理業務に関し、甲の負担すべき費用を立て替えて支払った場合には、第５条の引渡金から、これを差し引くことができる。

２ 前項の場合において、乙は、領収証その他立替支払の事実を証すべき書類を、遅滞なく甲に送付しなければならない。

３ 乙は、本件不動産の保存、修繕等に必要な工事について、甲のために立て替えた費用があるときは、前２項と同様に代理受領した賃料からこれを差し引くことができる。

第８条（委任状等の交付義務） 甲は、乙の要求があるときは、乙に対し、速やかに委任状その他契約の委任を証するのに必要な書類を交付するものとする。

第９条（契約期間） 本契約期間は令和○年○月○日までとする。

２ 前項の規定にかかわらず、甲乙いずれにおいても、１か月前までに相手方に通知することにより、本契約を解約することができる。

第10条（合意管轄） 本契約に基づく権利義務について紛争が生じた場合には、甲の住所地を管轄する地方裁判所を第一審の専属的合意裁判所とすることをここに甲乙双方が合意する。

第11条（協議） 本契約事項に定めのない事項については、甲乙協議して、別途、これを定める。

以上、本契約の成立を証するため、本契約書２通を作成し、甲乙各１通を保有するものとする。

令和○年○月○日

神奈川県○○市○○町○丁目○番○号

委任者（甲）○○○○　㊞

東京都○○区○○町○丁目○番○号

受任者（乙）××不動産株式会社
代表取締役　××××　㊞

物件目録

〈建物の表示〉

1．所　　在　東京都○○市○○町○丁目○番
　　家屋番号　○○番○
　　種　　類　居宅
　　構　　造　木造瓦葺2階建
　　床 面 積　1階　○○.○○㎡
　　　　　　　2階　○○.○○㎡

2．所　　在　東京都○○市○○町○丁目○番
　　家屋番号　○○番○
　　種　　類　店舗
　　構　　造　鉄骨造陸屋根3階建
　　床 面 積　1階　○○.○○㎡
　　　　　　　2階　○○.○○㎡
　　　　　　　3階　○○.○○㎡

Point

本契約書は、所有する不動産の管理に関しての委任契約である。

後日のトラブルを未然に防ぐために、委託業務の内容・範囲及び報酬を明確にしておく必要がある。契約期間は、第9条のように受任者（委託を受けた者）が背任行為をした場合に備えて、いつでも契約解除できるようにしておく必要がある。

賃貸不動産管理委任契約書は、契約の性質が委任であるため、印紙税の課税対象とはならず、収入印紙の貼付は不要である。

土地管理委託契約書

土地管理委託契約書

○○○○（以下、「甲」という）と株式会社○○不動産（以下、「乙」という）は、後記土地（以下、「本件土地」という）について、甲を管理委託者、乙を管理受託者とする土地管理委託契約を、以下の通り締結した。

第1条（目的） 甲は、本件土地について、管理及びそれに付随する業務一切を乙に委託し、乙は、これを受託するものである。

2　前項の管理内容について、別途管理規程にて定めるものとする。

3　乙は、本契約にかかる管理業務について、それの全部又は一部を第三者に委託することができる。

第2条（期間） 本契約の有効期間は、令和○年○月○日より１年間とする。

2　期間満了１か月前までに、甲又は乙から各々相手方に対して、書面による更新拒絶の意思表示がなされない限り、本契約は、同じ条件にて更新されたものとみなす。

第3条（管理費用） 甲は、乙に対して、本件土地の管理費用として、月○万円を支払うものとする。ただし、最初の１か月間に満たない期間については、日割計算によって支払うものとする。

2　前項に規定する管理費用の支払は、毎月○○日限り、あらかじめ乙が指定する金融機関の口座に、甲が振り込む方法による。

3　管理費用の支払が遅延したときは、年○.○％の割合で、甲は、遅延損害金を支払うものとする。

4　管理上、本件土地について、大規模工事その他、第１項に規定する管理費用によってはまかなえない措置が必要になったときは、甲乙間の協議の後、甲は追加して管理費用を支払うものとする。

5　本契約後、物価の上昇等経済情勢の変動に伴い、第１項に規定する管理費用が不相当となったときは、甲乙間の協議により、これを変更することができる。

第４条（通知義務） 甲が、本件土地を第三者に譲渡、賃貸等する場合には、あらかじめ乙に対して、その旨通知しなければならない。
第５条（協議義務） 本契約に規定のない事項については、甲及び乙は、信義に従い誠実に協議をして、これを解決するものとする。

以上、甲及び乙は、各々本契約書に記名押印し、各自１通を保管するものとする。

〈本件土地の表示〉
（所在・地番・地目・地積については省略）

令和○年○月○日

（甲）東京都○○区○○町○丁目○番○号
○○○○　㊞
（乙）東京都○○区○○町○丁目○番○号
株式会社○○不動産
代表取締役　○○○○　㊞

Point

土地の管理には、地代の集金・管理、賃貸借などの契約の代行、土地の状態の維持などさまざまな内容が考えられるため、まずは、委託する管理の内容を明確にすることが必要である。管理事項について管理規程・管理規約などに定めている場合には、その旨を契約書に示しておく必要がある。

会社などの法人に土地の管理を委託すると、節税につながることもあるため、事前に所得税や住民税について調べておくのがよい。

土地の管理委託契約書は、契約の性質が委任であり、印紙税の課税対象とはされていないので、契約書に収入印紙の貼付は不要である。

書式 5 不動産売却委任契約書

不動産売却委任契約書

委任者○○○○（以下、「甲」という）と受任者○○○○（以下、「乙」という）は、甲の所有する第２条に表示する宅地及び建物（以下「本件不動産」という）の売却に関して、以下の内容の委任契約を締結した。

第１条（本契約の目的） 甲は乙に対し、本件不動産の売却及び売却に必要な事務、交渉等の処理を委託し、乙はこれを受託することを本契約の目的とする。

第２条（本件不動産の表示） 甲が乙に対して委託した売買契約の目的物は、次の不動産である。

〈本件不動産の表示〉

１．宅地の表示

所　　在　○○区××○丁目
地　　番　○○番○
地　　目　宅地
地　　積　○○.○○㎡

２．建物の表示

所　　在　○○区××○丁目○○番地○
家屋番号　○○番○
種　　類　○○
構　　造　○○
床面積　○○.○○㎡

第３条（乙の事務処理報告事項） 乙は本契約に基づく事務処理を、善良なる管理者の注意をもって、誠実に行わなければならない。

２　乙は甲に対し、本契約に基づく事務処理の経過を、毎月１回、定期的に報告することを要する。

３　前項にかかわらず、新たな買受け希望者が現れたときは、その都度報告を行うこととする。

第４条（売却委任に関しての方法） 乙は、本件不動産の売買契約を、代金○○○○○円以上にて締結させるように努力しなければならない。

２　乙は、本件不動産の売却交渉を、代金○○○○○円以下で行ってはならない。また、売買代金の決定には甲の承諾を得なければならない。

第５条（報酬） 甲は乙に対し、本件不動産の売買契約が成立したときは、以下の報酬を売買代金の支払時に支払うものとする。

売買代金の○％

第６条（費用の前払い） 本契約に基づく事務処理に必要な費用が生じたときは、甲は、そのつど乙の請求によりこれを支払う。

第７条（復代理） 乙は、必要に応じ、その責任において復代理人を選任することができる。

第８条（解除） 甲又は乙が本契約上の義務につきその本旨に従った履行を行わない場合は、その相手方は相当の期間を定めて催告し、その期間内に履行がないとこは、本契約を解除することができる。

第９条（協議） 本契約は、民法、その他の法令、慣習に従うこととし、本契約条項に定めのない事項は甲乙双方が協議してこれを定める。

第10条（管轄） 本契約に関する紛争については、○○地方裁判所又は○○簡易裁判所を第一審の管轄裁判所とする。

以上、契約の成立を証するため、本契約書２通を作成し、甲乙記名押印の上、各々その１通を保有する。

令和○年○月○日

委任者（甲）住所　東京都○○区○○町○丁目○番○号
氏名　○○○○　㊞
受任者（乙）住所　東京都○○区○○町○丁目○番○号
氏名　○○○○　㊞

Point

本書式は、所有する土地と土地上の建物の１回限りの売却に関しての委任契約であり、免許を要する宅地建物取引業に該当せず、受任者が宅地建物取引業者ではないことを想定している。

なぜなら、委任を受けた代理人が、不特定かつ多数の者を相手に、繰り返して不動産売却の代理または媒介（仲介）を行うのは「宅地建物取引業」にあたり、宅地建物取引業の免許が必要だからである（宅地建物取引業法３条）。たとえ委任を受けた代理人が、手数料、謝礼などの報酬を受けなくても、不特定かつ多数の者を相手に、反復継続的に不動産売却の代理または媒介を行う場合は、宅地建物取引業の免許が必要になる。たとえば、不特定かつ多数の者を相手に２回以上不動産売却の代理または媒介を行う場合や、不特定かつ多数の者を相手に１回でも違う場所に存在している不動産売却の代理または媒介を行う場合に、宅地建物取引業の免許が必要になる。

なお、宅地建物取引業法の規定により、受任者が宅地建物取引業者である場合、不動産売却委任契約は、一般媒介契約、専任媒介契約、専属専任媒介契約のいずれかになる。これらの媒介契約は、事務処理の報告義務の有無やその頻度などに違いがある。たとえば、一般媒介契約では報告義務は課されないが、専任媒介契約は２週間に１回以上、専属専任媒介契約は１週間に１回以上の報告義務が課される。個別の条項で報告回数を減らすことはできないが、増やすことは可能である。

第７条の復代理とは、代理人がさらに本人の代理人を自分で選んだ場合に、その選ばれた人（復代理人という）が行う代理行為のことである。復代理人は、代理人（受任者）の代理人ではなく、あくまでも本人（委任者）の代理人なので、復代理人の行った行為の効果も、代理人ではなく本人に帰属することになる。

不動産売却委任契約書は、契約の性質が委任であるため、印紙税の課税対象とはならず、収入印紙の貼付は不要である。

第５章

ＯＥＭ・加工委託・商品販売委託に関する書式

書式
1
製作物供給契約書

製作物供給契約書

○○電気株式会社（以下「甲」という）と株式会社○○（以下「乙」という）は、甲の製造・販売する携帯電話に付属する充電器（以下「本件製品」という）の製作供給に関し、次の通り契約（以下「本契約」という）を締結する。

第1条（目的） 乙は甲に対し、本件製品の継続的な製作、納入業務（以下「本件業務」という）を請け負うことを約し、甲は乙に対し、その代金を支払うことを約す。

第2条（原材料） 本件製品の製作に必要な一切の原材料・資材は、乙の責任と負担で調達する。

第3条（仕様） 乙は、甲が作成し交付する仕様書及び図面に基づいて本製品を製作する。

２　甲は、仕様を変更する場合には、事前に新たな仕様書及び図面を作成し、乙に対し交付しなければならない。

３　乙は、本件製品の品質、形状、性能その他を前二項に定める仕様書及び図面に合致するように製作しなければならない。

第4条（再請負） 乙は、本件業務の全部又は一部を第三者に再請負させるときは、甲の事前の書面による承諾を得なければならない。

２　乙は、前項に基づき第三者に本件業務を再請負させた場合、当該第三者に本契約の定めを遵守させなければならない。

３　乙は、当該第三者が本契約に違反した場合であっても、本契約に定める義務を免れることはできない。

第5条（数量指示） 甲は、毎月○○日までに、乙に対し、翌月度に製作すべき本件製品の数量を書面により指示する。

第6条（検査・検収） 甲は、本件製品を受領後、直ちに仕様、品質、数量の検査を行う。

２　甲は、前項に基づき本件製品が検査に合格した場合、乙に対し速やかに通知し、これをもって本件製品の引渡しが完了したものとする。
3　甲は、第1項の検査に本件製品が合格しなかった場合、乙に対し直ちに通知し、乙は、修理・修補又は代替品若しくは不足分の納入その他甲の指示に従って必要な措置を講じなければならない。
4　甲が乙に対し、本件製品受領後○日以内に前項に定める通知を行わないときは、本件製品は甲の検査に合格したものとみなす。
第7条（品質保証） 乙は、本件製品の引渡し後1年間はその品質、性能について保証する。
2　乙は、引渡し後6か月以内に本件製品の種類、品質又は数量に本契約に適合しないものがあるのを発見した場合、無償による修理・修補又は代替品の納入その他甲の指示に従って必要な措置を講じなければならない。
3　本件製品に起因して第三者の生命、身体又は財産に損害が発生し、当該第三者から甲に対し製造物責任に基づく損害賠償請求があった場合、当該損害が乙の責めに帰すべき事由によるときは、乙は自らの責任と負担でこれを処理解決しなければならない。
第8条（製作代金） 本件製品の製作代金は、1個当たり金○○円とし、毎月○○日締切の乙の請求書に基づき、翌月○○日までに、甲は乙に対し、乙の指定する口座に振り込んで支払う。
第9条（禁止事項） 乙は、甲の事前の書面による承諾を得た場合を除き、次の行為を行ってはならない。
①　本契約に基づく権利義務の全部又は一部を譲渡し、又は担保に供すること
②　本件製品の意匠、機能その他を模倣した製品を製作して、自ら販売又は甲以外の第三者をして販売させること
第10条（秘密保持） 甲及び乙は、本契約に基づき取得した相手方の営業上又は技術上の秘密については、次の各号のいずれかに該当するものを除き、本契約期間中及びその終了後も、相手方の事前の書面による承諾なく第三者に開示、漏えいしてはならない。
①　自らの責めによらずに公知となった情報
②　権限ある第三者から取得した情報
③　相手方から開示される前から合法的に保有している情報

④　独自に開発した情報
⑤　裁判所又は権限ある行政機関から提出を命じられた情報
⑥　法令等の定めるところにより開示された情報

第11条（解約） 甲及び乙は、契約期間満了前に本契約を解約しようとする場合、その3か月前までに相手方に対して、書面により解約の申入れをしなければならない。

第12条（契約解除） 甲又は乙は、相手方が次の各号の一つに該当した場合は、何らの催告を必要とせず、直ちに本契約を解除することができる。
①　本契約に違反した場合に、相当の期間を定めて是正を勧告したにもかかわらず、当該期間内に是正を行わないとき
②　営業停止など行政処分を受けたとき
③　税の納付に関し滞納処分を受けたとき
④　差押、仮差押、仮処分等を受けたとき
⑤　手形又は小切手につき不渡り処分を受けたとき
⑥　破産、民事再生又は会社更生の申立てを行ったとき、又はこれらの申立てが第三者からなされたとき
⑦　会社の組織について、解散、合併、会社分割、又は事業の全部又は重要な一部の譲渡を決議したとき

2　前項に基づいて本契約が解除されたときは、責めに帰すべき事由のある当事者は、相手方に対して、本契約の解除により相手方が被った損害を賠償しなければならない。

第13条（契約期間） 本契約の期間は、令和○年○月○日から令和○年○月○日までとする。ただし、期間満了の3か月前までに甲乙双方から別段の意思表示なきときは、自動的に1年間更新するものとし、以後も同様とする。

第14条（裁判管轄） 甲及び乙は、本契約に関する一切の紛争に関しては、東京地方裁判所又は東京簡易裁判所を第一審の専属的管轄裁判所とすることに合意する。

第15条（双方協議） 本契約に定めのない事項又は本契約の条項に解釈上の疑義を生じた事項は、甲乙双方協議の上、解決するものとする。

本契約の成立を証するため、本書2通を作成し、甲乙記名押印の上、

各１通を保有する。

令和○年○月○日

（甲）東京都○○区○○町○丁目○番○号
○○電気株式会社
代表取締役　○○○○　㊞

（乙）東京都○○区○○町○丁目○番○号
株式会社○○
代表取締役　○○○○　㊞

Point

製作物供給契約は、受注者が、発注者の注文に従って、原材料を自ら調達して製品を製作して供給することを約束し、発注者が、その対価として報酬（代金）を支払うことを約束する契約である。一方、発注者が、製品の製造に必要な原材料をすべて供給し、受注者が、それを使って製品を製造し報酬を受けることを目的として締結する契約は、製造委託契約である。

発注者の注文に応じて物品が製作されることを明示するために、発注者が受注者に対して仕様書・図面などの資料を交付することを明記する。また、製作物の供給を委任するに際し、委任者がもっている技術上または営業上の秘密を、受任者に対し開示することもあるため、秘密保持条項を設けることの他、模倣品を作らないことや、競合他社の製品の製作を請けない（競業避止義務）ことを約束する条項を設けるのは必須事項といえる。

製造物責任については、製品が原因で起きた事故が発注者の仕様書・図面などによる指図に基づく場合以外は、受注者が責任を負って処理解決することなどを決めておくとよい。

なお、請負契約書であると同時に継続的取引の基本となる契約書の印紙税については、契約書に契約金額の記載があれば、請負契約書として扱われ、契約金額の記載がなければ、継続的取引の基本となる契約書として4000円の収入印紙を貼付する。

書式 2 ＯＥＭ契約書

ＯＥＭ契約書

○○商事株式会社（以下「甲」という）と××工業株式会社（以下「乙」という）とは、○○○製品（以下「本件製品」という）のOEM取引に関して、以下の通り、契約を締結した。

第１条（本契約の目的） 本契約は、甲が本件製品の製造を乙に委託し、その完成した本件製品を乙より買い受けることを目的とする。

第２条（本契約の仕様） 本件製品の仕様は、別途甲が作成した製品仕様書（以下「本件仕様書」という）によるものとする。本件仕様書の内容については、別に乙の承諾を必要とする。

第３条（仕様の変更） 本件製品の仕様に変更の必要が生じたときは、甲は、乙と協議の上、仕様を変更することができる。

第４条（個別契約とその成立条件） 本契約は、本件製品に関連した個別の取引契約（以下「個別契約」という）に特約なき限り、個別契約に共通して適用する。

２　個別契約は、甲が乙に注文書を発行し、乙がこれを承諾することにより成立する。

３　個別契約においては、本件製品における品名、数量、納入価格、納期、納入場所、引渡条件その他個別の取引条件に応じて、必要な事項を別途、定めるものとする。

第５条（商標権） 本件製品の商標権は甲に帰属するものとする。

２　乙は、本契約により委託のあった製品につき、甲の指定した商標を付して、甲に納入することとする。

３　乙は、前項の場合にのみ、甲の商標の使用を許され、その他の製品に甲の商標を付し、又は使用してはならない。

第６条（製品の納入方法） 乙は、甲より受託した本件製品を、甲の指定する場所に納入するものとする。納入方法は、別途、個別契約によることとする。

第７条（製品の納入不能） 乙が、甲より受託した本件製品を、納入期日又は納入場所に納入できない事態が生じたときは、乙は、直ちにその旨を甲に通知し、甲の指示に従う。

第８条（代金の支払方法） 本件製品の代金及びその支払方法は、別途、個別契約において定めるものとする。

第９条（競合禁止） 乙は、甲以外の者に対し、本件製品又はその類似商品を販売してはならない。

２　甲は、乙以外の者から、本件製品を購入してはならない。ただし、乙から事前に書面により同意を得ていた場合は、この限りでない。

第10条（所有権） 本件製品の所有権は、原則として乙に帰属する。

２　第11条第２項の通知があったときは、本件製品の所有権は、乙から甲に移転する。

第11条（納入時の検査） 甲は、乙より納入された本件製品について、甲乙間で、別途定める検査基準に基づき受入検査を実施するものとする。

２　本件製品が前項の検査基準に適合する場合には、甲は乙に対し、納入後○日以内にその旨の通知を行い、その納入を完了する。

３　本件製品が第１項の検査基準に適合しないものがある場合は、甲は、乙に対し、直ちに代品の納入を求めることができる。

第12条（瑕疵の修補、損害賠償等） 本件製品の種類、品質又は数量につき本契約に適合しないもの（以下「不適合」という）が発見されたときは、前条の受入検査後６か月以内に限り、甲は乙に対し、代品の納入、若しくは不適合の修補を求めることができる。

２　甲は、乙に対し、第11条第３項及び前項の場合に生じた損害について代品の納入、不適合の修補に代え、あるいはこれらとともにその生じた損害の賠償を請求することができる。

３　本件製品に関し、第三者との間において産業財産権に関する紛争が生じたときには、乙の責任において解決をはかるものとする。その際、甲が損害を被った場合には、乙は、その損害を賠償するものとする。

第13条（産業財産権の出願） 本契約の履行に際して、本件製品について甲が提供した技術情報に基づいて乙が発明・考案等をなした場合においては、その発明・考案等に関する産業財産権の出願の可否及びその帰属については、別途、甲乙双方の協議によることとする。

第14条（秘密保持） 甲及び乙は、本契約に関連して知り得た相手方の技術上、営業上の秘密を第三者に開示、漏えいしてはならない。

2　甲又は乙が前項の定めに違反した場合、その被害者は、前項の定めに違反した者に対し、自らが被った損害の賠償を請求できる。

第15条（契約解除） 甲又は乙は、相手方が本契約の定めに違反したときは、何らの催告を要せず直ちに本契約を解除することができる。

2　前項の解除権の行使は、相手方への損害賠償請求を妨げない。

第16条（本契約の有効期間） 本契約の有効期間は、下記の通りとする。

令和○年○月○日から令和○年○月○日まで

2　期間満了３か月前までに、甲乙いずれからも別段の申し出がない場合は、さらに１年間延長するものとし、以後も同様とする。

第17条（本契約の更新） 本契約は、契約期間満了３か月前までに甲乙いずれかからの申し出があれば更新することができる。

第18条（裁判の合意管轄） 本契約上の一切の紛争については、甲の本店所在地を管轄する地方裁判所又は簡易裁判所を第一審の管轄裁判所とする。

第19条（双方協議） 本契約に定めのない事項又は解釈に疑義の生じた事項については、甲乙協議の上、解決するものとする。

以上、本契約の成立を証するため本書２通を作成し、甲乙記名押印の上、各１通を保有する。

令和○年○月○日

東京都○○区○○町○丁目○番○号
（甲）　○○商事株式会社
代表取締役　○○○○　㊞
東京都××区××町×丁目×番×号
（乙）　××工業株式会社
代表取締役　××××　㊞

Point

ＯＥＭとは、（Original Equipment Manufacture）の略称である。発注者が、あるブランドで商品を販売するために、受注者に商品を製造させる契約一般を指す。発注者にとっては、自己のもっている技術では価格競争力が弱い分野においては、自ら生産するよりも受注者に依頼した方が、安く良質の製品を調達できるというメリットがある。他方、受注者にとっても、生産量の増大という点だけでなく、特許・ノウハウなどの蓄積を図るという点でのメリットもある。ＯＥＭ契約では、その特質上、①製品につける商標の取扱い、②発注から納入までの流れ、③品質保証と不適合（欠陥など）の修補・損害賠償、④競合の防止、⑤第三者の産業財産権（特許・実用新案・意匠・商標など）を侵害した場合の責任、⑥秘密保持、などの事項を明確にしておく必要がある。

中でも重要なのは、製品に関する産業財産権（知的財産権）の帰属について、明確に取り決めをしておくことである。ＯＭＥ契約を締結すると、仕様書などにより、発注者の所有する技術情報が受注者に提供され、それに則して製造が行われる。そのため、発注者は自身の所有する産業財産権の範囲とその帰属先を、契約書で明確に示しておかなければ、後々、その産業財産権を侵害される大きなトラブルに巻き込まれる可能性がある。また、受注者が製造を行う過程において使用した技術が、第三者の産業財産権を侵害する事態も想定される。製造に関する発注者・受注者の責任の範囲についても、詳細な取り決めをすることが重要になる。

その他、本契約の締結に際して明らかにすべき留意事項としては、契約当事者、本契約の適用範囲、個別契約の締結方法、契約の成立時期、紛争の解決方法、などがある。

なお、印紙税については、OEM契約が継続的取引の基本となる契約といえるものであれば、そのOEM契約書に4000円の収入印紙を貼付することが必要である。

加工委託契約書

加工委託契約書

○○株式会社（以下「甲」という）と株式会社○○（以下「乙」という）は、○○（以下「本件製品」という）の加工を委託することに関し次の通り契約（以下「本契約」という）する。

第1条（目的） 甲は乙に対し、本件製品の加工業務を委託（以下「本件委託業務」という）し、乙は、これを受託する。

第2条（仕様書等） 甲は乙に対し、本件製品の加工に関する仕様書及び図面（以下「仕様書等」という）を交付し、乙は仕様書等に従って本件委託業務を遂行するものとする。

2　乙は、前項に定める仕様書等を複写し、又は第三者に閲覧させ、若しくは貸与してはならない。ただし、甲の事前の書面による承諾を得た場合はこの限りではない。

第3条（原材料） 甲は、本件委託業務に必要な原材料（以下「本件原材料」という）を乙に供給する。

2　乙は、前項に基づき本件原材料の供給を受けたときは、直ちに検査を行い、種類、品質又は数量について不適合がある場合は、その旨を甲に通知し、甲の指示を受けるものとする。

3　甲が乙に対して供給した本件原材料の所有権は、甲に帰属する。乙は、善良なる管理者の注意義務をもって本件原材料を取り扱わなければならない。

4　乙は、供給を受けた本件原材料を本件委託業務の目的のみに使用しなければならない。

第4条（納入） 甲は乙に対し、仕様書等を交付する際に本件製品の納入期日を指定するものとし、乙は当該納入期日までに甲の指定する場所に納入しなければならない。

2　乙は、当該納入期日までに本件製品の納入を完了できない事由が生じた場合は、直ちに甲に通知し、甲の指示を受けるものとする。

第５条（検査・検収） 甲は、本件製品を受領後、直ちに仕様、品質、数量の検査を行う。

２　甲は、前項に基づき本件製品が検査に合格した場合、乙に対し速やかに通知し、これをもって本件製品の引渡しが完了したものとする。

３　甲は、第１項の検査に本件製品が合格しなかった場合、乙に対し直ちに通知し、乙は、修理、修補又は不足分の納入その他甲の指示に従って必要な措置を講じなければならない。

第６条（委託料） 本契約の委託料は、別途定める加工料金表の通りとする。

２　甲は、乙に対し、前月の委託料につき翌月末日までに乙の指定する口座に振り込み、支払う。

第７条（再委託） 乙は、本件委託業務の全部又は一部を第三者に再委託してはならない。ただし、甲の事前の書面による承諾を得た場合はこの限りではない。

２　乙は、前項に基づき第三者に本件委託業務を再委託した場合、当該第三者に本契約の定めを遵守させなければならなない。

３　乙は、当該第三者が本契約に違反した場合であっても、本契約に定める義務を免れることはできない。

第８条（競業避止義務） 乙は、本件製品と同種又は類似する製品を加工又は製造して、自ら販売し、又は甲以外の第三者をして販売させてはならない。ただし、甲の事前の書面による承諾を得た場合はこの限りではない。

第９条（秘密保持） 乙は、本契約に基づき取得した甲の営業上又は技術上の秘密については、次の各号のいずれかに該当するものを除き、本契約期間中及びその終了後も、甲の事前の書面による承諾を得ずに第三者に開示、漏えいしてはならない。

①　自らの責めによらずに公知となった情報
②　乙が権限ある第三者から取得した情報
③　甲から開示される前から合法的に保有している情報
④　独自に開発した情報
⑤　裁判所又は権限ある行政機関から提出を命じられた情報
⑥　法令等の定めるところにより開示された情報

第10条（危険負担） 本件製品の引渡前に、甲の責めに帰さない事由により、本件製品に生じた滅失、毀損等の損害の負担については乙が負うものとする。

第11条（解約） 甲及び乙は、契約期間満了前に本契約を解約しようとする場合、その3か月前までに相手方に対して、書面により解約の申入れをしなければならない。

第12条（契約解除） 甲又は乙は、相手方が次の各号の一つに該当した場合は、何らの催告を必要とせず、直ちに本契約を解除することができる。

① 本契約に違反した場合に、相当の期間を定めて是正を勧告したにもかかわらず、当該期間内に是正を行わないとき

② 営業停止など行政処分を受けたとき

③ 税の納付に関し滞納処分を受けたとき

④ 差押、仮差押、仮処分等を受けたとき

⑤ 手形又は小切手につき不渡り処分を受けたとき

⑥ 破産、民事再生又は会社更生の申立てを行ったとき、又はこれらの申立てが第三者からなされたとき

⑦ 会社の組織について、解散、合併、会社分割、又は事業の全部又は重要な一部の譲渡を決議したとき

2 前項に基づいて本契約が解除されたときは、帰責事由のある当事者は、相手方に対して、本契約の解除により相手方が被った損害を賠償しなければならない。

第13条（契約期間） 本契約の期間は、令和○年○月○日から令和○年○月○日までとする。ただし、期間満了の3か月前までに甲乙双方から別段の意思表示のないときは、自動的に1年間更新するものとし、以後も同様とする。

第14条（裁判管轄） 甲及び乙は、本契約に関する一切の紛争に関しては、甲の本店所在地を管轄する簡易裁判所又は地方裁判所を第一審の専属的管轄裁判所とすることに合意する。

第15条（協議） 本契約に定めのない事項又は本契約の条項に解釈上の疑義を生じた事項については、甲乙双方協議の上、解決するものとする。

本契約の成立を証するため、本書2通を作成し、甲乙記名押印の上、各1通を保有する。

令和○年○月○日

（甲）東京都○○区○○町○丁目○番○号
○○株式会社
代表取締役　○○○○　㊞
（乙）東京都○○区○○町○丁目○番○号
株式会社○○
代表取締役　○○○○　㊞

Point

加工委託契約は、製品の加工を依頼する際に用いられる契約である。発注者が、受注者に対して、製品の製造・加工に必要な原材料をすべて供給し、受注者が、それを使って製品を製造・加工し、発注者から報酬を受けるという契約で、その契約の性質は請負である。

このような加工委託契約が、顧客から請け負った仕事を、発注者が中小・零細企業に下請として出すというケースで用いられることも多い。下請法（下請代金支払遅延等防止法）の適用がある場合は、発注者（親事業者）に対して、支払期日の厳密化、文書交付義務、その他さまざまな規制が課されることに留意しなければならない。

業務の性質上、発注者が作成した仕様書や図面をもとに、製品の製造・加工が行われるため、特許などの権利化されたもの以外にも、技術上または営業上の秘密（ノウハウなど）が、発注者から受注者に伝わる可能性が高い。そのため、発注者としては、受注者に対し、秘密保持義務を課すことや、競合他社の同様の仕事を請け負わないこと（競業避止義務）を約束させるのは不可欠といえる。また、製品の品質確保、秘密保持の観点からも、再委託の禁止を検討するとよい。

さらに、裁判上の争いになった場合を考え、本店（本社）が移転することも想定しながら、自らにとって便利な場所にある裁判所を管轄裁判所としておくことは有用だといえる。

商品販売委託（代理商）契約書

代理店契約書

○○株式会社（以下「甲」という）と株式会社○○（以下「乙」という）は、甲の商品（以下「本件商品」という）の販売委託に関し、次の通り契約（以下「本契約」という）を締結する。

第１条（目的） 甲は、乙を甲の代理店に指定し、乙に対し別紙販売商品一覧表（以下「商品一覧表」という）に記載する商品（以下「本件商品」という）の販売業務を委託し、乙は、本件商品の販売を行う。

第２条（販売方法） 乙は、本件商品の販売を、甲所定の契約書をもって甲の代理人であることを明示した上で行わなければならない。

第３条（商標等の使用許諾） 甲は、本契約期間中、乙が甲の商標・標章その他（以下「本件商標等」という）を無償で使用することを許諾する。

２　乙は、本件商標等を使用する際には、甲の指示に従わなければならない。

３　乙は、本件商標等を本契約の目的以外に使用してはならない。

４　乙は、本契約が終了したときは、直ちに本件商標等の使用を終了しなければならない。

第４条（販売目標） 甲及び乙は、乙が甲から１年間に購入し販売する本件商品の目標数量（以下「販売目標」という）をあらかじめ協議の上、定める。

２　販売目標は、毎年４月１日に甲乙双方協議の上、改訂し定める。

３　乙は、甲の代理店として積極的に販売活動を行い、販売目標達成のために最善の努力を尽くさなければならない。

第５条（報告） 乙は、毎月○日までに、次の各号につき書面により甲に報告をしなければならない。

①　前月中に販売した本件商品の数量及び販売代金の総額

②　前月中に販売した本件商品の販売手数料の総額

第６条（販売手数料）乙の販売手数料は、商品一覧表に記載する通りとし、乙は毎月○日までに、前月中に販売した本件商品の販売代金の総額から、販売手数料の総額を控除した残額を、甲の指定する口座に振り込んで支払う。

第７条（禁止事項）乙は、甲の事前の書面による承諾を得た場合を除き、次の各号に係る行為を行ってはならない。

① 本契約に基づく権利義務の全部又は一部を譲渡し、又は担保に供すること

② 本件商品と同種又は類似する商品を、自ら販売又は甲以外の第三者をして販売させること

第８条（秘密保持）乙は、本契約に基づき取得した甲の営業上又は技術上の秘密については、次の各号の一つに該当するものを除き、本契約期間中及びその終了後も、甲の事前の書面による承諾なく第三者に開示、漏えいしてはならない。

① 自らの責めによらずに公知となった情報

② 乙が権限ある第三者から取得した情報

③ 甲から開示される前から合法的に保有している情報

④ 独自に開発した情報

⑤ 裁判所又は権限ある行政機関から提出を命じられた情報

⑥ 法令等の定めるところにより開示された情報

第９条（個人情報）甲及び乙は、本契約を遂行するにあたり知り得た顧客に関する情報（以下「個人情報」という）につき、個人情報の保護に関する法律及び同法に関連する主務官庁のガイドライン等を遵守し、個人情報の漏えい等が起こらないよう適正な取扱いを確保するため、甲乙間で別途個人情報に関する覚書を締結する。

第10条（解約）甲及び乙は、本契約期間満了前に本契約を解約しようとする場合、その３か月前までに相手方に対して、書面により解約の申入れをしなければならない。

第11条（契約解除）甲又は乙は、相手方が次の各号の一つに該当した場合は、何らの催告を必要とせず、直ちに本契約を解除することができる。

① 本契約に違反した場合に、相当の期間を定めて是正を勧告したにもかかわらず、当該期間内に是正を行わないとき
② 営業停止など行政処分を受けたとき
③ 税の納付に関し滞納処分を受けたとき
④ 差押、仮差押、仮処分等を受けたとき
⑤ 手形又は小切手につき不渡り処分を受けたとき
⑥ 破産、民事再生又は会社更生の申立てを行ったとき、又はこれらの申立てが第三者からなされたとき
⑦ 会社の組織について、解散、合併、会社分割、又は事業の全部又は重要な一部の譲渡を決議したとき

2 前項に基づいて本契約が解除されたときは、帰責事由のある当事者は、相手方に対して、本契約の解除により相手方が被った損害を賠償しなければならない。

第12条（契約期間） 本契約の期間は、令和○年○月○日から令和○年○月○日までとする。ただし、期間満了の３か月前までに甲乙双方から別段の意思表示なきときは、自動的に１年間更新するものとし、以後も同様とする。

第13条（裁判管轄） 甲及び乙は、本契約に関する一切の紛争に関しては、甲の本店所在地を管轄する簡易裁判所又は地方裁判所を第一審の専属的管轄裁判所とすることに合意する。

第14条（双方協議） 本契約に定めのない事項又は本契約の条項に解釈上の疑義を生じた事項については、甲乙双方協議の上、解決するものとする。

本契約の成立を証するため、本書２通を作成し、甲乙記名押印の上、各１通を保有する。

令和○年○月○日

（甲）東京都○○区○○町○丁目○番○号
○○株式会社
代表取締役　○○○○　㊞

（乙）東京都○○区○○町○丁目○番○号
株式会社○○
○○○○　㊞

Point

本契約書は、受託者が委託者の代理人として販売を行う「代理商契約」といわれる契約である。

受託者の行為によっては、契約の当事者である委託者が買主に対して重大な責任を負うことになるので、受託者が買主と結ぶ契約書は、委託者が作成した所定のものを使うことを義務付ける必要がある。

受託者が委託者の商標などを使用して販売を行うわけであるが、委託者としては、自らの企業イメージが損なわれるような使用が行われないように監視できる条項を設けるとよい。

代理商契約の契約期間は、初回は何年というように定められ、その後は自動更新とする形をとることが多い。委託者としては、初回の期間をなるべく短期にし、受託者の販売の成果が良いようであれば継続するという形態をとる方が有利となる。一方、受託者としては、販売が軌道に乗るまでの初回の期間にこそ多大な労力がかかるため、成果が上がるまでの時間はなるべく長く設定する方が有利となる。契約期間を定める際には、こうした委託者と受託者の利益について十分に話し合い、慎重に初回の期間を定めることが求められる。

販売委託される商品やその手数料率が明確に定まっていないと、後日争いが生じることになる。商品数が複数（多数）になる場合は、別紙として、対象とする商品を特定し、それぞれの手数料を記載した販売商品一覧表を契約書に綴り込む方法が便利といえる。

個人情報の漏えいが起きれば、企業に重大な損害がもたらされることになるので、個人情報を取り扱う取引においては、個人情報が適切に取り扱われるようにするために、別途個人情報に関する覚書を締結するとよい。

書式
5 商品寄託契約書

商品寄託契約書

寄託者○○株式会社（以下「甲」という）と受寄者△△倉庫株式会社（以下「乙」という）は、次の通り商品の寄託契約を締結する。

第1条（本契約の目的） 本契約は、甲において、その保有する下記商品（以下「本件物件」という）を継続的に保管することを乙に寄託し、乙は有償にてこれを受託することを目的とする。

記

商品の表示　日用雑貨商品の一切

第2条（保管場所） 乙は、本件物件を乙の本店所在地の倉庫において保管する。

2　前項の保管行為は、乙の責任で、本件物件を第三者に保管させることができる。

第3条（寄託物の数量） 甲が保管を寄託する商品の数量は、前条の倉庫内D区画80㎡内に収納しうることを限度とする。

第4条（保管寄託料等） 保管寄託料は、1か月当たり金○○万円とする。ただし、契約終了に際して端数の日数が生じた場合は日割計算とする。

2　前項に規定する保管寄託料は、現実に寄託した物の有無及び数量に関係なく甲から乙に支払われるものとする。

3　甲は、乙に対し、第1項に規定する保管寄託料を毎月末日を締日とし、翌月15日に、乙の指定する銀行口座に振込送金して支払う。

4　前項の場合において、甲は乙の許諾の後、乙の住所地に持参して支払うこともできる。

第5条（本件物件の取扱い） 本件物件の搬入、収納及び搬出は、甲が随時これを行うこととし、これによって生じた損害について、乙はその責を負わない。

第6条（契約期間・更新・解約） 本契約は、本契約締結日より1年間有効とする。

2　前項の期間満了3か月前までに当事者のいずれからも別段の申し出がないときは、契約は1年間自動更新されるものとし、その後も同様とする。

3　甲は、契約期間中、いつでも解約の申入れをすることができ、その場合においては、申入れの後1か月の期間の経過により契約は終了するものとする。

第7条（損害賠償） 本契約の一に違反する事由があり、一方に損害が生じた場合には、他方は、相当額の賠償をしなければならない。

以上の通り契約が成立したので、これを証するため本書2通を作成し、甲乙記名押印の上、各1通を保有する。

令和○年○月○日

東京都○○区○○×丁目×番×号
（甲）○○株式会社
代表取締役　○○○○　㊞
東京都○○市○○町○丁目○番○号
（乙）△△倉庫株式会社
代表取締役　○○○○　㊞

Point

寄託契約とは、受寄者（物を預かる人）が寄託者（預ける人）のためにある物の保管をすることを約束した上、その物を受け取ることによって成立する契約である。有償の寄託では寄託報酬額を定める必要がある。ただ、受寄者が商人（会社）でその物を預かることがその営業の範囲内の行為であれば、報酬額を定めていなくても報酬を請求できる。商品の寄託契約書に印紙税はかからないが、継続的取引の基本となる寄託契約については4000円の印紙の貼付が必要である。

Column

最低限知っておきたい接続詞の使い方

法律関係の書類では、接続詞について独特の使い方をします。最低限、以下の使い方を知っておきましょう。

①　及び・並びにの使い方

「Ａ及びＢ」「Ａ並びにＢ」のように、並列する語句が２つ以上のときに、語句を併合する意味で使います。語句が３つ以上の時は、「Ａ、Ｂ、Ｃ及びＤ」のように、最後の語句の１つ前の語句までを「、」で区切り、最後の語句を接続するときに「及び」を使います。

また、特に「並びに」は、「Ａ及びＢ並びにＣ及びＤ」のように、「及び」を使って並列した語句を、さらにまとめる場合に接続詞として使います。つまり、小さなグループとそれをまとめた大きなグループが組み合わさっているときには、小さなグループの接続には「及び」を用い、大きいグループの接続には「並びに」を用いることになります。

②　又は・若しくはの使い方

「ＡかＢ」のように、並列する語句が２つ以上のときに、語句を選択する意味で使います。語句が３つ以上の時は、「Ａ、Ｂ、Ｃ又はＤ」のように、最後の語句の１つ前の語句までを「、」で区切り、最後の語句を接続するときに「又は」を使います。

また、特に「若しくは」は、「Ａ若しくはＢ又はＣ若しくはＤ」のように、「又は」を使って並列した語句を、さらに選択する場合に接続詞として使います。「若しくは」「又は」の区別は、「及び」「並びに」の関係と同様です。小さなグループとそれをまとめた大きなグループが組み合わさっているときには、小さなグループに「若しくは」を使い、大きなグループには「又は」を使います。

第６章

ＩＴ契約・研究開発に関する書式

ＩＴコンサルタント業務委託契約書

ITコンサルタント業務委託契約書

株式会社○○○○（以下「甲」という）と、○○○○（以下「乙」という）は、ITコンサルタント業務の委託に関し、以下の通り契約（以下「本契約」という）を締結する。

第1条（定義） 本契約上で使用される用語の定義は、次の通りとする。
① 「IT」とは、コンピュータ及びネットワークに関する技術を総称して用いる。
② 「ベンダー」とは、コンピュータシステムやネットワークシステムなどの開発、提供及び設置などを行う企業をいう。
③ 「RFP」とは、ITシステム導入にあたり、ベンダーに対し具体的な設計案などの提案を依頼する文書をいう。
④ 「電子メール」とは、ネットワークを通じて行うメッセージ通信をいい、承諾その他一切の通知は、当該通知が相手方に到達した時点で効力が生ずるものとする。
⑤ 「サーバ」とは、ネットワークに接続され、他のコンピュータからの要求を受け、一括処理をしてサービスやデータ等を提供するコンピュータをいう。
⑥ 「アクセス」とは、ネットワークを通じてデータ等の読み出しや書き込みを行うことをいう。

第2条（目的及び委託の内容） 甲は、業務の競争優位並びに事務及び管理業務の効率化を実現するために、次項各号の業務（以下「本件業務」という）を乙に委託し、乙はこれを受諾する。
2　乙が甲に提供する業務は準委任契約とし、詳細は次の通りとする。
①　事業戦略実現並びに事務及び管理業務の効率化に必要なITシステム体制の提案及び構築。
②　競争優位性を築くためのIT戦略の立案。
③　前各号を結びつけるための業務プロセスの策定。

④　ITシステム導入に際し、必要となった場合のRFP作成。

⑤　その他のIT活用プランニングの立案。

3　乙は、前項各号の業務を実施するため、毎週1回（1回につき3時間以上)、甲の指定する場所にて、討議及び現場調査を行うものとする。なお、具体的な日程は甲乙間で協議の上、決定する。

4　乙は、本件業務による効果に対する責任は一切行わず、甲はこれを承諾する。

5　乙は、毎月25日までに、甲に対して、本件業務に関する前月分の実施内容及び結果について、レポートを電子メールに添付して提出しなければならない。ただし、次条に定める甲の作業の遅延又は誤り等があった場合は、この限りでない。

6　乙は、甲に対して、本契約期間の半期ごとに業務工程表を作成し、電子メールに添付して提出しなければならない。ただし、甲が当該業務工程表の提出を必要としない旨を乙に通知した場合は、この限りでない。

第3条（甲の協力義務） 甲は、本件業務の実施にあたっては、次の各号の事項に留意し、乙に協力するものとする。

①　甲の本件業務に関する窓口及び協力者となる担当責任者1名の決定

②　本件業務遂行上必要な情報及び社内資料の提供並びに各書類の記載及び手配

③　乙が甲の共同作業者を必要とする場合は、その提供及び手配についての協力

④　その他、本件業務遂行上必要な場所、機器、ソフトウェア及び素材等の提供又は貸与

⑤　本件業務遂行上必要となるベンダー等との速やかな契約締結

第4条（委託料） 甲が、乙に対して支払う本件業務委託料は月額80,000円（消費税を含まない）とする。

2　前項の委託料は、乙が当月分の報酬を翌月10日までに甲に請求し、甲は、請求対象月の翌月末日までに、乙の指定する金融機関口座に甲の手数料負担のもと、振り込むものとする。なお、甲は支払に際し別途源泉徴収税を控除するものとする。

・乙指定の金融機関口座

○○○○銀行　○○○○支店

普通預金口座　番号○○○○
口座名義　○○○○○○○○

第５条（契約期間）本契約の期間は、本契約成立の日から１年間とする。ただし、期間満了の１か月前までに、甲又は乙から、何らの意思表示がない場合には、さらに１年間、同一条件にて契約期間を延長したものとみなし、以後も同様とする。

第６条（費用の取扱い）乙は、甲に対して、本件業務の遂行に要する費用（調査費、資料作成費（RFP作成費を含む）、交通費、出張費及び宿泊費を含む）を、乙が事前に書面又は電子メールによって甲に通知し、甲が承諾したものに限り、別途請求することができる。

第７条（再委託の禁止）乙は、本件業務の全部又は一部を第三者に委託してはならない。

第８条（資料又は機器の保管・管理）乙は、本契約期間中に限り、本件業務に必要なID及びパスワードを保有し、サーバ及びアクセス解析画面等にアクセスすることができる。

２　乙は、本件業務に関して甲より提供された一切の資料及び情報並びに貸与された機器等を、善良なる管理者の注意義務をもって保管及び管理し、甲の事前の書面又は電子メールによる承諾を得ないで複製又は第三者へ交付し、その他本件業務以外の目的に使用してはならない。

３　乙は、次の各号のいずれかに該当する場合には、甲から提供された資料、情報及び機器等を速やかに処分（貸与された機器等については甲に返却）するものとする。

①　甲から提供された資料、情報及び機器等が不要となった場合
②　本契約が解除された場合
③　甲からの要請があった場合

第９条（提供情報の取扱い）甲は、乙が本件業務を遂行する過程で甲に対して行った提案、指導及び助言等の情報について、自己の責任と負担においてのみ利用することができる。

２　甲は、前項の情報を第三者に利用させないものとする。ただし、乙による事前の書面による承諾がある場合はこの限りではない。

第10条（秘密保持）甲及び乙は、本契約の履行に関連して知り得た相手方に関するすべての秘密情報を、相手方の書面又は電子メールによ

る承諾なくして、第三者に開示又は漏えいしてはならない。ただし、法令の定めに基づいて、官公署等から開示の要求があった場合は、開示することができる。

2　前項の秘密情報には、次の各号に掲げる情報を含まない。

① 秘密保持義務を負うことなくすでに保有している情報

② 秘密保持義務を負うことなく第三者から正当に入手した情報

③ 相手方から提供を受けた情報によらず、独自で保有していた情報

④ 事前に公知となっている情報

3　本条の規定は、本契約終了後又は期間満了後も有効に存続する。

第11条（譲渡禁止） 甲及び乙は、事前に相手方の書面による同意を得た場合を除き、本契約に基づいて発生する一切の権利を第三者に譲渡し、又は担保に供してはならない。

第12条（賠償責任） 甲及び乙は、本契約に基づく債務を履行しないことが原因で、相手方に現実に損害を与えた場合には、本契約の解除の有無にかかわらず、本件業務に対する委託料額の１年分を限度として損害賠償責任を負う。

第13条（免責） 乙は、次の各号につき、一切の責任を負わないことに甲は合意する。

① 乙が予見すべきであったか否かを問わず、乙の責めに帰すべき事由によらずして甲及び第三者に生じた結果的損害、付随的損害、間接損害等に対する責任（利益及び売上の損失に対する責任並びに懲罰的損害賠償責任を含む）

② 乙が本件業務を遂行する過程で甲に対して行った提案、指導及び助言等の情報に関して、第三者からなされた苦情並びに裁判上及び裁判外の請求

第14条（不可抗力） 甲及び乙は、天災地変、戦争、内乱、暴動、ストライキ、労働争議、社会的大変動、法令の改廃及びその他本契約に重大な影響を与えると認められる事由など、双方いずれの責めにも帰することができない不可抗力によることが明らかであるときは、本契約の不履行とはせず、その責任を負わないものとする。

第15条（契約の解除及び期限の利益の喪失） 甲及び乙は、相手方が次の各号のいずれかに該当した場合には、予告なく本契約の全部又は一

部を解除することができる。

① 当事者の一方が相手方に対する料金支払債務、その他一切の債務につき弁済を怠ったとき

② 差押、仮差押、仮処分、公売処分、租税滞納処分及びその他公権力の処分を受けたとき

③民事再生手続の開始、会社更生手続の開始、破産手続の開始若しくは競売を申し立てられたとき、又は自ら民事再生手続、会社更生手続の開始若しくは破産手続の開始の申立てを行ったとき

④ 営業停止又は営業免許若しくは営業登録の取消等の処分を受けたとき

⑤ 資本の減少、営業の廃止若しくは変更又は解散の決議をしたとき

⑥ 自ら振り出し、又は引き受けた手形又は小切手について不渡り処分を受ける等、支払停止状態に至ったとき

⑦ 本契約の条項に違反し、一方が相当な期間を定めて催告したにもかかわらず、なおその期間内に是正しないとき

⑧ その他、財産状況が悪化し、又はそのおそれがあると認められる相当の事由があるとき

⑨ 刑法上の犯罪行為、その他法令・公序良俗に反する行為が認められたとき

⑩ 当事者の一方が信用を著しく毀損する行為又は背信的と認められる行為を行ったとき

2 前項各号のいずれかに該当した者は、相手方に対し負っている債務について期限の利益を失い、直ちに債務の全部を一括して弁済しなければならない。

第16条（準拠法、合意管轄） 本契約の準拠法については日本法が適用されるものとする。

2 甲及び乙は、本契約に関して万一紛争が生じた場合は、○○裁判所を第一審の専属的合意管轄裁判所とすることに合意する。

第17条（協議） 本契約に定めのない事項又は本契約の条項の解釈に疑義が生じた事項については、甲乙協議の上、円満解決を図るものとする。

以上、本契約成立の証として、本契約書を２通作成し、甲乙記名押印

の上、各々１通を保有する。

令和○年○月○日

（甲）東京都○○区○○町○丁目○番○号
株式会社○○○○
代表取締役　○○○○　㊞
（乙）東京都○○区○○町○丁目○番○号
○○○○　㊞

Point

コンサルタント業務委託は、企業経営に関するさまざまな企画、改善アドバイスなどのコンサルティングを委託する際に結ばれる契約である。コンサルタント業務委託は企業経営に関するさまざまな企画、改善アドバイスなどを行う。

本契約書は、社内のITシステム見直しやITを活用した経営戦略に関わるコンサルティングを実施する場合を例として作成している。また、個人がコンサルティングを受託することを想定しているため、第４条第２項では源泉徴収について規定している。したがって、法人が受託する場合には、源泉徴収に関する規定は必要ない。

コンサルタント契約では、相手の能力を信頼して業務委託するため、再委託の禁止規定が設けられている（第７条)。特に本書式のようなITシステムに関わるコンサルティングの場合、受託者がベンダーと交渉・調整することが多くなるため、場合によってはRFP（設計案・提案書）などを作成することがある。そこで第２条第２項第４号のような業務内容の規定、第６条のような費用の例示を行うことも検討する必要がある。

なお、第15条第１項第２号にある「公売処分」とは、国や地方自治体が行う処分のひとつで、税金の滞納者の財産を差し押さえて、強制的に売却し、その売却代金の中から滞納金を徴収することをいう。

研究開発業務委託契約書

研究開発業務委託契約書

○○工業株式会社（以下「甲」という）と株式会社○○技術研究所（以下「乙」という）は、研究開発を委託することに関し、次の通り契約（以下「本契約」という）する。

第１条（目的） 甲は、○○（以下「本件製品」という）を事業化するための研究開発（以下「本件研究開発」という）を乙に委託し、乙はこれを受託する。

２　本件研究開発の詳細については、甲乙協議の上、別途定める。

第２条（行程） 本件研究開発は、次の行程に従って行われるものとする。

第１ステージ（令和○年○月○日から令和○年○月○日まで）
：市場調査、技術調査
第２ステージ（令和○年○月○日から令和○年○月○日まで）
：仮説の探索・審議・検討
第３ステージ（令和○年○月○日から令和○年○月○日まで）
：要素技術開発、実験
第４ステージ（令和○年○月○日から令和○年○月○日まで）
：中間評価
第５ステージ（令和○年○月○日から令和○年○月○日まで）
：試作、試験
第６ステージ（令和○年○月○日から令和○年○月○日まで）
：プロトタイプ設計・製作
第７ステージ（令和○年○月○日から令和○年○月○日まで）
：顧客調査、事業化検証
第８ステージ（令和○年○月○日から令和○年○月○日まで）
：報告（報告書作成・提出）

第３条（報酬） 甲は、本件研究開発の報酬として、乙に対し、総額金○○円を支払う。

2　甲は、前項に定める報酬を、順次、次の各号に掲げる日程に従って、乙の指定する口座に振り込むことで支払う。

①　本契約締結時に金〇〇円

②　第４ステージ終了の日までに金〇〇円

③　第８ステージ終了の日までに金〇〇円

第４条（費用）本件研究開発に要する費用は、原則乙の負担とする。ただし、事前に乙が甲に申し出た場合で、かつ甲が必要と認めるものは、その都度甲乙協議の上、金額を定め、甲は乙に支払う。

第５条（情報提供）甲は、自ら所有し、本件研究開発に必要な技術情報・市場情報その他の情報を乙に開示・提供しなければならない。

2　乙は、前項の定めにより甲から開示・提供された情報を本件研究開発の目的のみに用い、その他の目的に用いてはならない。

第６条（変更）本件研究開発を変更しなければならない事由が生じた場合には、甲乙協議の上、変更することができる。ただし、当該変更は書面をもって行うものとする。

2　前項の定めにより本件研究開発が変更されたときは、第３条に定める報酬について、甲乙協議の上、変更することができる。ただし、当該報酬の変更は書面をもって行うものとする。

第７条（甲による解約）甲は、本件研究開発の乙への委託を中止することはできない。ただし、甲乙協議の上、書面をもって合意した場合はこの限りでない。

2　前項の定めにより本件研究開発を中止したときは、第３条に定める報酬について、甲乙協議の上、書面もって合意するものとする。

第８条（乙による解約又は期間延長）乙は、乙の責めに帰すことのできない事由により本件研究開発の継続が困難になったときは、速やかに本件研究開発の中止又は期間の延長を甲に申し入れるものとする。この場合、甲乙協議の上、本件研究開発の解約又は期間の延長について書面をもって合意するものとする。

第９条（資材貸与）甲は、本件研究開発に必要な資材（以下「本件資材」という）につき、乙に無償で貸与する。

2　本件資材の搬入・搬出に要する費用は、甲の負担とする。

3　乙は、本件研究開発終了後、速やかに本件資材を甲に返還しなければならない。

第10条（報告） 乙は、甲から、本件研究開発の進捗状況、成果につき報告を請求された場合はいつでも、甲に対し当該進捗状況、成果を報告しなければならない。

第11条（秘密保持） 甲及び乙は、本契約に基づき取得した相手方の資料、情報及び本件研究開発の成果並びに相手方の営業上又は技術上の秘密については、次の各号の一つに該当するものを除き、本契約期間中及びその終了後も、相手方の事前の書面による承諾なく第三者に開示、漏えいしてはならない。

① 自らの責めによらずに公知となった情報

② 権限ある第三者から取得した情報

③ 相手方から開示される前から合法的に保有している情報

④ 独自に開発した情報

⑤ 裁判所又は権限ある行政機関から提出を命じられた情報

⑥ 法令等の定めるところにより開示された情報

2 前項の定めは、本契約終了後も５年間有効に存続する。

第12条（競業避止義務） 乙は、甲の事前の書面による承諾を得た場合を除き、本件研究開発と同一であるか、又は類似若しくは関連する研究開発を第三者と共同で行い、又は第三者から受託してはならない。

第13条（成否判定） 甲は、乙から提出された報告書を検討し、本件研究開発の成否を判定する。

2 前項の定めに基づき、本件研究開発が成功ではなかったと判定された場合でも、甲は、乙に対し、第３条に定める報酬及び第４条に定める費用の返還を求めることはできない。

第14条（成果の帰属） 本件研究開発から直接得られた、発明・考案・意匠等の産業財産権及び著作物・ノウハウその他一切の知的財産権等の成果（以下「本件成果」という）は、甲に帰属する。

2 乙は、本件成果について、乙の従業員が発明、考案又は創作を行った場合には、当該従業員から、甲が日本及び諸外国における工業所有権を受ける権利の譲渡証を取得し、これを甲に交付しなければならない。

3 乙は、乙の従業員の職務発明に対する補償措置について、あらかじめ就業規則その他の規程に定めるなどして、甲の本件成果の実施につき何らの障害も生じないようにしなければならない。

第15条（事業化） 本件成果の事業化は甲が行い、乙は本件成果を自らの事業のために、又は第三者の事業のために使用してはならない。

第16条（譲渡禁止） 甲及び乙は、相手方の書面による承諾なく、本契約上の地位を第三者に承継させ、本契約から生じる権利義務の全部又は一部を第三者に譲渡若しくは引き受けさせてはならない。

第17条（契約解除） 甲又は乙は、相手方が次の各号の一つに該当した場合は、何らの催告を必要とせず、直ちに本契約を解除することができる。

① 本契約に違反した場合に、相当の期間を定めて是正を勧告したにもかかわらず、当該期間内に是正を行わないとき

② 営業停止など行政処分を受けたとき

③ 税の納付に関し滞納処分を受けたとき

④ 差押、仮差押、仮処分等を受けたとき

⑤ 手形又は小切手につき不渡り処分を受けたとき

⑥ 破産、民事再生若しくは会社更生の申立てを行ったとき、又はこれらの申立てが第三者からなされたとき

⑦ 会社の組織について、解散、合併、会社分割、又は事業の全部若しくは重要な一部の譲渡を決議したとき

２ 前項に基づいて本契約が解除されたときは、帰責事由のある当事者は、相手方に対して、本契約の解除により相手方が被った損害を賠償しなければならない。

第18条（契約期間） 本契約の期間は、本契約締結の日から令和○年○月○日までとする。

第19条（合意管轄） 甲及び乙は、本契約に関する一切の紛争に関しては、東京地方裁判所又は東京簡易裁判所を第一審の専属的管轄裁判所とすることに合意する。

第20条（協議） 本契約に定めのない事項又は本契約の条項に解釈上の疑義を生じた事項については、甲乙双方協議の上、解決するものとする。

本契約の成立を証するため、本書２通を作成し、甲乙記名押印の上、各１通を保有する。

令和○年○月○日

（甲）東京都○○区○○町○丁目○番○号
○○工業株式会社
代表取締役　○○○○　㊞
（乙）東京都○○区○○町○丁目○番○号
株式会社○○技術研究所
代表取締役　○○○○　㊞

Point

各種の産業が高度化、専門化、複合化する中で、企業が効率化とシナジー効果（2つ以上の要素を組み合わせることによって、それぞれの要素を単体で使用する場合以上の効果を生じさせること。相乗効果ともいう）を狙って、技術の研究開発（R＆D）を外部の専門業者などに委託することが多くなってきている。技術の研究開発のスピードがますます速まる現在、開発スケジュールの管理は重要度を強めている。外部委託の場合はなおさらである。

本契約書では、開発に遅れが生じないようチェックするために、開発のステージ（行程）を細分化している。報酬については、契約時に一定額を支払い、進行状況に応じて中間時点で支払い、そして残金を完成時に支払うのが一般的とされているようである。企業にとって根幹的な部分を委託することになるので、受託者に秘密保持義務及び競業避止義務を課すことを規定する他、事業化は委託者自らが独占することを規定しておくことが必須といえる。研究開発の成果である知的財産権の帰属について、後日のトラブルを防止するために、あらかじめ明確に規定することも必要である。本契約書では、研究開発を主体的に進める委託者に、そのすべてを帰属させることにしている。

なお、研究開発業務委託契約書の印紙税については、純粋な委任契約の場合には印紙税はかからないが、契約書の内容が継続的取引の基本となる契約書といえるものであれば、4000円の収入印紙の貼付が必要になる。

書式
3
コンピュータ・プログラム開発委託契約書

コンピュータ・プログラム開発委託契約書

○○電気株式会社（以下「甲」という）と△△研究株式会社（以下「乙」という）は、コンピュータ・プログラムの開発の委託に関し、次の通り契約を締結した。

第1条（本契約の目的） 本契約は、甲が、乙に対し、別紙目録記載のコンピュータシステムのプログラム（以下「本件システム」という）の開発（以下「本件業務」という）を委託し、乙がこれを受託することを目的とした契約である。

第2条（業務委託料） 本件業務の委託料は下記条件によるものとする。

総額　金○○○○円

2　支払方法は、下記条件に基づく。

本契約締結時に金○○○○円

本件システムの検収後○○日以内に金○○○○円

3　前項の委託料は、あらかじめ乙の指定した取引銀行の口座に甲が振り込むことにより、これを行う。

4　本件システムの仕様、設計等に変更が生じた場合には、甲乙、協議の上、前項に記載された委託料を変更することができる。

第3条（誠実実施義務） 乙は、甲乙双方で合意した別途定める日程に従い、本件業務を誠実に実施するものとする。

第4条（秘密保持） 乙は、本契約上知り得た甲に関する秘密情報を第三者に開示又は漏えいしてはならない。

2　前項に規定する義務につき、乙は、本契約履行中、契約終了後を問わず、これを遵守しなければならない。

3　第1項の規定は、本件業務に関わった乙の従業員のすべてに適用する。

第5条（再委託の禁止） 乙は、本件業務の一部を第三者に委託することができる。ただし、委託した場合に生じた責任は乙が負うものとする。

2　甲は、乙に対して再委託先の業者の氏名及び名称を報告するよう請求することができる。

3　乙による再委託を中止する合理的な理由がある場合には、甲は、書面により乙に対して再委託の中止を請求することができる。

第6条（協力体制）　本件業務について、甲及び乙は、本件システムの仕様、設計等、作業に必要な情報を迅速に提供できるよう、システム検討会を開催するものとする。

2　前項のシステム検討会で決定された事項については、議事録を2通作成し、甲乙双方が保有する。

第7条（資料の提供）　甲は、乙が本件業務を遂行するにあたり必要となる一切の資料を乙に対し交付する。

第8条（本契約上の資料の保管と管理）　乙は、本件業務に関して提供された甲に関する業務の資料・情報の一切につき、善良なる管理者の注意義務をもって保管・管理する。

2　前項の管理は、甲の許諾を得て複写、複製し、第三者へ交付し、その他の本件以外の目的に使用することを妨げない。

第9条（本件システムの検収）　甲は、乙から本件システムの納入を受けた後10日以内に検査を行い、別紙仕様書若しくは第6条第2項の議事録との不一致又は論理的誤り（以下「不適合」という）の発見の有無につき遅滞なく乙に通知することとする。

2　乙は、前項の規定により、甲から本件システムに不適合が存在する旨の通知を受けたときは、本件システムにつき必要な修正を行い、甲乙で別途協議して定める期限までに再度納入するものとする。

3　第1項の規定により甲が乙に対し不適合を発見しなかった旨の通知をした場合は、その通知の乙への到達をもって、その期間満了の時に本件システムの検収が完了したものとする。

4　甲が本件システムの納入を受けた後10日以内に第1項の通知を発しない場合も前項と同様とする。

第10条（契約不適合責任）　検収完了後、本件システムに不適合が見つかった場合、その不適合が乙の責めに帰すべきものであれば、乙は甲の請求に基づき不適合を修正する義務を負う。

2　前項の修正請求は、検収完了後、3か月後までとする。

3　乙は、第1項の修正を無償で行うものとする。

第11条（資料等の返還） 乙は、前条の検収後、遅滞なく甲から提供された一切の資料を甲に返還しなければならない。

第12条（危険負担） 本件システムの滅失・毀損・変質その他による危険の負担は、第９条に規定する検収の時を基準として乙から甲に移転するものとする。

第13条（保証条項） 乙は、甲に対し、下記事由につき、これを保証する。

① 本件システムが別紙仕様書に合致していること

② 本件システムが甲の利用目的に適合していること

③ 本件システムが甲の利用目的に良好に稼働すること

④ 本件システムが第三者の著作権その他の権利を侵害していないこと

第14条（著作権の帰属） 本件システムに関する著作権は、委託料の完済とともに、乙から甲に移転するものとする。

2 乙は、甲が請求したときは、本件システムの著作権の移転登録手続きに協力する。ただし、登録手続に要する費用は甲の負担とする。

3 前項の規定にかかわらず、同種のプログラムに共通に利用されるノウハウ、ルーチン、モジュール等に関する権利は乙に留保される。

4 本件システムのうち、本契約に基づき乙が甲に許諾するプログラムに関する権利は、乙に留保される。ただし、乙は甲に対し、これを改変し、複製する権利を無償で許諾する。

第15条（FOSS） 本件システムを開発するにあたり、FOSSを要する場合、甲は第三者とFOSSの保守管理、支援契約の締結等を行うものとする。

2 前項の措置は甲の費用と責任で行う。ただし、乙が前項のFOSSの不適合や権利侵害等を知りながら、甲に報告しなかった場合には、乙がすべての費用と責任を負う。

第16条（譲渡禁止） 甲及び乙は本契約に基づいて発生する一切の権利を第三者に譲渡し、又は担保に供してはならない。

2 前項の場合においては、事前に相手方の書面による同意を得た場合は、これを適用しない。

第17条（第三者からの権利侵害） 本件システムに関し、第三者間で紛争が生じた場合には、甲乙協力の上対応するものとする。

2 前項の費用は甲乙で折半する。

3 第１項の紛争につき、帰責事由が明白な場合は、その割合に応じた負担とする。

第18条（協議） 本契約に定めのない事項及び疑義が生じた事項については、甲乙協議の上、決定する。

第19条（合意管轄） 甲及び乙は、本契約に関して紛争が生じた場合には、○○地方裁判所をもって第一審の専属的管轄裁判所とすることに合意する。

以上、本契約の成立を証するため本書２通を作成し、甲乙記名押印の上各１通を保有する。

令和○年○月○日

委託者（甲）　東京都○○区○○町○丁目○番○号
○○電気株式会社
代表取締役　○○○○　㊞

受託者（乙）　○○県○○市○○町○丁目○番○号
××研究株式会社
代表取締役　××××　㊞

Point

第15条のFOSSとは「Free and Open Source Software」の略語で、ソフトウェアを自由に利用、コピー、再配布することが可能なソフトウェアの総称を意味する。フリーソフトウェアと呼ばれることもある。なお、一般社団法人情報サービス産業協会（JISA）のホームページ（https://www.jisa.or.jp/）で「ソフトウェア開発委託基本モデル契約書」のひな形が掲載されている。

印紙税については、継続的取引の基本となるプログラムの開発委託契約であれば、契約書に4000円の収入印紙を貼付することが必要である。

書式4 Webサイト制作・保守業務委託契約書

Webサイト制作・保守業務委託契約書

株式会社○○○○（以下「甲」という）と、株式会社○○○○（以下「乙」という）は、Webサイト制作（以下「本件制作」という）及び保守業務の委託に関し、以下の通り契約（以下「本契約」という）を締結する。

第1条（定義） 本契約上で使用される用語の定義は次の通りとする。

一 「サーバ」とは、ネットワークに接続され、他のコンピュータからの要求を受け、一括処理をしてサービスやデータ等を提供するコンピュータをいう。

二 「ドメイン」とは、インターネット上において個々のコンピュータを識別する符号をいう。

三 「Webサイト」とは、甲の指定するドメイン下に作成され、Webページとしてインターネット上に表示可能にした、一連の文字、画像及び動画等のデータの集合体をいう。

四 「仕様書」とは、甲の要求を実現するべく、Webサイトを制作する上で必要となる機能、制限事項、技術的実現方法及び運用上の制約事項などの事項が記述された書類をいい、本契約に基づき、乙によって作成されるものをいう。

五 「プログラム」とは、コンピュータが行うべき処理手順を指示する命令を記述したものをいう。

六 「コーディング」とは、文字、画像及び動画等のデータを特定のプログラムに置き換えることをいう。

七 「ブラウザ」とは、Webページを閲覧するため、文字、画像及び動画等のデータをまとまった形で表示するソフトウェアをいう。

八 「アップロード」とは、ネットワークを通じて、文字、画像及び動画等のデータ並びにファイルをサーバに送信することをいう。

九 「アーキテクチャ」とは、ネットワーク、ソフト及びWebサイトなどの基本設計をいう。

十　「SSLサーバ証明書」とは、Webサイト上において個人情報などを暗号化し、安全に送受信する機能及びWebサイト管理者の身元を確認できる機能をいう。

十一　「リンク」とは、Webサイト及びインターネット上におけるWebページ同士を繋ぐものをいう。

十二　「リンク切れ」とは、Webページ上のリンク部分をクリックしても、リンク先のWebサイトが閲覧できない状態をいう。

十三　「電子メール」とは、ネットワークを通じて行うメッセージ通信をいい、承諾その他の意思の通知は、電子メールが到達した時点で有効な意思表示がなされたものとみなす。

十四　「アクセス」とは、ネットワークを通じて、文字、画像及び動画等のデータの読み出し並びに書き込みを行うことをいう。

十五　「バージョンアップ」とは、機能の向上や不具合の修正等を目的とした改良を行うことをいう。

第2条（目的及び委託の内容）　甲は次の各号に掲げる業務（以下「本件業務」という）を乙に委託し、乙はこれを受託する。

一　本件制作業務（請負契約）

乙が甲に対し、Webサイト設計、デザイン及びコーディングの実施を行う等、別紙に定めた制作業務。

二　保守業務（準委任契約）

乙が甲に対し、前号により制作されたWebサイトに関する継続的な運用指導及び別紙に定めた保守業務。

三　前各号に定める業務の他、乙が必要と判断し、甲が承認を行った業務。

2　本件制作業務におけるWebサイト仕様等の具体的内容は、乙が甲よりヒアリングした事柄に基づき、分析及び要件定義し、これを甲が承認し確定した内容とする。

3　保守業務の受付及び作業は、次に掲げる時間帯に行うものとする。

受付　月曜日から金曜日　　午前9時から午後5時まで。

作業　月曜日から金曜日　　午前9時から午後5時まで。

また、土曜日、日曜日、国民の祝日、年末年始及び乙が別途定める日も休日とする。

4　前項の時間帯外又は休日に、甲から作業の要請があった場合は、これを翌営業日以降の予約とみなすこととする。

第3条（甲の協力義務）　甲は、本件業務の実施にあたっては、次の事項に留意し、乙に協力するものとする。

一　甲の本件業務に関する窓口及び協力者となる担当責任者1名の決定

二　本件業務遂行上必要な情報、社内資料の提供、各書類の記載及び手配

三　乙が甲の共同作業者を必要とする場合は、その提供及び手配についての協力

四　その他、本件業務遂行上必要な場所、機器、ソフトウェア及び素材等の提供又は貸与

五　配送業者、決済代行会社等の手配及びこれらに関する速やかな契約締結

第4条（成果物の引渡し）　乙は、本件制作業務によって完成される成果物（以下「本件成果物」という）を別紙に定めた期限までにアップロードし、動作確認、リンク切れ及び表示チェックなどを行った上、稼働可能な状態にするものとする。ただし、次の各号のいずれか一つに該当する場合、乙は甲に対し本件制作業務の全部又は一部について、完了期限の延長を求めることができる。

一　第3条に定める作業の遅延又は誤り等によって、本件制作業務の進捗に支障が生じたとき

二　本件制作業務の変更又は甲による別紙に定めていない追加業務の要求があったとき

三　天災その他の不可抗力により、期限までに完了できないとき

2　乙が、本件制作業務の仕様、設計等の変更、その他の事由によって期限までに本件成果物を甲に納入できない場合、甲乙協議の上、新たに書面又は電子メールによって定めた期限に変更することができる。

第5条（契約期間）　本契約による検収完了日の翌日より保守業務の委任契約を開始する。保守業務の委任期間は、保守業務開始日より1年間とする。

2　前項に定めた期間満了の3か月前までに、本契約を更新しない旨の意思表示が書面によってなされないとき、本契約は同一条件でさらに

１年間自動的に延長されるものとし、以後も同様とする。

第６条（委託料） 甲が、乙に対して支払う本件制作業務の委託料は別紙に定め、委託料支払時期は次の各号に定める通りとする。

一　着手金は委託料額の50％とし、本契約締結日から７日以内に乙の指定する金融機関口座に甲の手数料負担のもと、振り込む。

二　委託料残額は、検収が完了した日の属する月から翌々月の末日迄に乙の指定する金融機関に甲の手数料負担のもと、振り込む。

２　甲が、乙に対して支払う保守業務の委託料は別紙に定める。

３　前項の委託料は、乙が当月分の報酬を翌月25日までに甲に請求し、甲は、請求対象月の翌月末日までに、乙の指定する金融機関口座に甲の手数料負担のもと、振り込むものとする。

４　本件制作の仕様、設計等の変更がなされた場合又は、甲が乙に別紙に定めていない追加業務の遂行を要求した場合、乙は事前に書面又は電子メールにより別紙記載の委託料の変更又は追加料金を通知し、甲が承諾すればこれを請求することができる。ただし、甲が承諾しなかった場合、乙は本件制作の仕様、設計等の変更又は追加業務の遂行の義務を一切負わない。

第７条（費用の取扱い） 乙は、甲に対し本件業務を遂行するために要する費用（Webサイト運用費、登録料、広告料、乙の交通費、出張費及び宿泊費を含む）を、乙が事前に書面又は電子メールによって甲に通知し、甲が承諾したものに限り、別途請求することができる。

２　甲は、前項にかかわらず、サーバ費、ドメイン取得費及び維持費並びにSSLサーバ証明費を費用とすることについて承諾する。

第８条（再委託） 乙は、本件制作をするために各業務について適切と判断した第三者（以下「再委託先」という）に、乙の責任において再委託をすることができる。

第９条（資料の保管・管理） 乙は、本契約期間中に限り、本件業務に必要なID及びパスワードを保有し、サーバ及びアクセス解析画面等にアクセスすることができる。

２　乙は、本件業務に関して甲より提供された一切の資料及び情報並びに貸与された機器を、善良なる管理者の注意義務をもって保管及び管理し、甲の事前の書面又は電子メールによる承諾を得ないで複製又は再委託先以外の第三者への交付を行い、その他本件業務以外の目的に使用してはならない。

3　乙は、甲から提供された資料、情報及び機器等が不要となった場合、本契約が解除された場合、又は甲からの要請があった場合、その資料、情報及び機器等を速やかに処分（貸与された機器等については甲に返却）するものとする。

第10条（秘密保持）　甲及び乙は、本契約の履行に関連して知り得た相手方に関するすべての秘密情報を、相手方の書面又は電子メールによる承諾なくして第三者に開示又は漏えいしてはならない。ただし、法令の定めに基づいて、官公署等から開示の要求があった場合は、開示することができる。

2　前項の秘密情報には、次の各号に掲げる情報を含まない。

一　秘密保持義務を負うことなくすでに保有している情報

二　秘密保持義務を負うことなく第三者から正当に入手した情報

三　相手方から提供を受けた情報によらず、独自で保有していた情報

四　事前に公知となっている情報

3　本件制作にあたって乙が再委託をする場合、乙は本条の秘密保持義務を再委託先に対しても遵守させなければならない。

4　本条の規定は、本契約の終了後又は期間満了後も有効に存続する。

第11条（検収）　甲は、乙から本件成果物の履行を受けた後、別紙に記載する検収期間内に、甲の責任と費用において、本件成果物が確定した仕様の水準に達しているか、及び本契約の趣旨に照らして合理的に期待することができる機能及び品質を有しているかを判定し、署名押印した書面にて通知する。

2　乙は、前項に基づき甲から検収不合格の通知を受けたときは、本件成果物につき必要な修正を行い、甲乙で別途協議して定める期限までに再度納入するものとする。

3　第１項に基づき甲が乙に対し検収合格の通知をし、その通知が乙に到達した時、又は甲が乙から本件成果物の履行を受けた後、別紙に記載する検収期間内に本条第１項の通知を発さず、検収期間を満了した時、本件成果物の検収が完了されたものとみなす。

第12条（不一致の修補責任）　検収完了後、本件成果物に関して、仕様

書との不一致（以下「不一致」という）が発見された場合、乙は不一致の修補を行う。

2　前項の修補責任は、検収完了後3か月以内に、甲から請求された場合に限るものとする。

3　第1項の修補責任は、第3条に定める甲の協力義務違反を起因として不一致が生じた場合は適用しない。ただし、乙が甲の協力義務違反を知りながら告げなかったときは、この限りでない。

4　乙は本条に定める不一致の修補の他、本契約による保守業務の継続する限りにおいて修補を行う。

第13条（資料等の返還）　乙は、第11条の検収後、遅滞なく甲から提供された本件成果物に関する一切の資料を甲に返還するものとする。ただし、引き続き保守業務に必要な資料は、この限りではない。

第14条（知的財産権等）　乙は、本件成果物が、知的財産権の侵害、その他の第三者の権利侵害、あるいはこれに類するその他の不正物でないことを保証する。

2　甲及び乙が、本件成果物を運用するにあたって、意図せずして前項に該当する事柄を察知したときは、速やかに相手方に報告するとともに、該当物の利用停止を指示しなければならない。

3　乙が本契約により甲に納入する本件成果物の著作権（著作権法第27条及び第28条に定める権利を含む）は、第6条の委託料が支払われた日をもって、乙から甲へ移転する。

4　前項の規定には、乙及び再委託先が本件制作前より有していた素材、画像、動画、Webサイト設計、プログラム等は含まないものとする。ただし、甲に著作権が帰属しないこれらの著作物について、乙及び再委託先は甲に対し本件成果物の運用上必要な範囲で利用することを許諾し、甲は許諾された範囲で無償の利用権を有する。

5　乙は、甲に対して自ら及び再委託先が著作者人格権を一切行使しないことを保証する。

第15条（譲渡禁止）　甲及び乙は、事前に相手方の書面による同意を得た場合を除き、本契約に基づいて発生する一切の権利を第三者に譲渡し、又は担保に供してはならない。

第16条（賠償責任）　甲及び乙は、本契約に基づく債務を履行しないことが原因で、相手方に現実に損害を与えた場合には、本契約の解除の有無にかかわらず、運営業務に対する委託料額の12か月分を限度として損害賠償責任を負う。

第17条（免責） 乙は、次の各号につき、一切の責任を負わないものとすることに甲は合意する。

一　乙が予見すべきであったか否かを問わず、乙の責めに帰することができない事由により生じた損害に対する責任、間接的、二次的、付随的及び懲罰的な損害賠償責任並びに利益又は売上の損失に対しての責任

二　本件成果物の公開によって第三者からなされた苦情並びに裁判上及び裁判外の請求

三　サーバメンテナンス、その他の乙による管理が及ばない理由によるWebサイトの不具合

四　本件成果物による売上、問い合わせ、アクセス数及び検索エンジン上位表示

第18条（不可抗力） 甲及び乙は、天災地変、戦争、内乱、暴動、ストライキ、労働争議、社会的大変動、法令の改廃及びその他の本契約に重大な影響を与えると認められる事由など、双方いずれの責めに帰することができない不可抗力によることが明らかであるときは、本契約の不履行とはせず、その責めを負わないものとする。

第19条（契約の解除及び期限の利益の喪失） 甲及び乙は、相手方が次の各号のいずれか一つに該当した場合には、予告なく本契約の全部又は一部を解除することができる。

一　相手方が当事者一方に対する料金支払債務、その他一切の債務について弁済を怠ったとき

二　差押、仮差押、仮処分、公売処分、租税滞納処分及びその他公権力の処分を受けたとき、民事再生手続きの開始、会社更生手続きの開始、破産手続きの開始若しくは競売を申し立てられたとき、又は自ら民事再生手続きの開始、会社更生手続きの開始若しくは破産手続きの開始の申立てを行ったとき

三　監督官庁により営業停止の処分、又は営業免許若しくは営業登録の取消の処分を受けたとき

四　資本の減少、営業の廃止若しくは変更又は解散の決議をしたとき
五　自ら振り出し、又は引き受けた手形又は小切手につき、不渡り処分を受ける等、支払停止状態に至ったとき
六　本契約の条項に違反し、当事者一方が相当な期間を定めて催告したにもかかわらず、なおその期間内に違反を是正しないとき
七　その他、財産状況が悪化し、又はそのおそれがあると認められる相当の事由があるとき
八　刑法上の犯罪行為、民事上の不法行為、その他法令・公序良俗に反する行為が認められたとき
九　当事者一方の信用を著しく毀損する行為又は背信的と認められる行為を行ったとき

2　前項各号のいずれか一つに該当した者は、相手方に対し負っている債務について期限の利益を失い、直ちに債務の全部を一括して弁済しなければならない。

第20条（準拠法、合意管轄）　本契約の準拠法については日本法が適用されるものとする。

2　甲及び乙は、本契約に関して万一紛争が生じた場合は、○○裁判所を第一審の専属的合意管轄裁判所とすることに合意する。

第21条（協議）　本契約に定めのない事項又は本契約の条項の解釈に疑義が生じた事項については、甲乙協議の上、円満解決を図るものとする。

以上、本契約成立の証として、本契約書を２通作成し、甲乙署名又は記名押印の上、各々１通を保有する。

令和○年○月○日

（甲）○○県○○市○○町○丁目○番○号
株式会社○○○○
代表取締役　　○○○○　㊞
（乙）○○県○○市○○町○丁目○番○号
株式会社○○○○
代表取締役　　○○○○　㊞

Point

1　どんな契約なのか

本書式は、さまざまなWebサイトに関する制作業務や保守業務において利用できる契約書である。作成にあたり、まず、第２条の目的にあるように、どの業務が請負契約、どの業務が委任契約なのかを明示しておくとよい。請負契約は、成果物（請負人が完成させたもの）を引き渡す時点で、はじめて対価を得られる契約である。これに対して、委任契約は、一定の業務を遂行するという、行為自体に対価が発生する。なお、書式中に準委任契約と書かれているのは、法律行為（契約など）を伴わない行為を委託されているからである。これらの違いは、第６条の委託料の内容にも現れている。また、本書式例は、印紙税法の第２号文書（請負に関する契約書）に該当する。たとえば、制作業務委託料が200万円であれば、400円分の収入印紙を貼付する。

2　Webサイト制作・保守業務委託固有の問題

Webサイト制作に関わる特徴的な規定は以下の通りである。Webサイト制作に限らないが、ITやネットに関する契約書は、用語の解釈違いの問題が生じないように、定義条項を詳細に記載する。

①　成果物（完成物）の考え方

Webサイトは無形の成果物となるので、建設工事の請負といった有形の成果物に関する請負契約とは違った問題が生じる。そこで、第４条のように成果物の引渡しとは、どのような状態をいうのかを明示する。さらに、制作業務の前提となる「仕様書（第1条第４号)」をあらかじめ作成しておき、何をもって完成として取り扱うかを決めておく必要がある。これは当事者が完成をイメージするための背景図といえる。一般的には、第11条第1項にあるように納入されたものと仕様書を比較し、「合理的に期待される通常有すべき機能及び品質を有しているか」という観点から適合性を判断する。

②　仕様書の内容

Webサイトにおける仕様書は「完成をイメージするための設計図」であることが大前提である。このことから、仕様書には「サイトの制作趣旨」「閲覧者のターゲット層」「サイト構成図（リレーションを含む)」「デザインの仕様」「使用プログラムの詳細」「ファイル名・データベースの命名規則」「テキストなどの表記規則」などは最低限盛り込む必要がある。通常はこれらに加えて、使用するドメインや対応環境（ブラウザやサーバ環境など）も明示するが、本書式例ではあえて契約条件として別紙に記載する形にしている。

③　当事者の責任

請負契約であっても、委任契約であっても、受注者側の責任だけを定めるのではなく、発注者側の責任についても定めることが大切である（第３条）。たとえば、成果物の納入の遅れが、受注者側の問題ではなく、発注者側の問題によって生じる場合がある。そこで、委託内容の遂行にあたって必要になる事項を詳細に規定し、これに対する発注者の義務が果たされていない場合に、受注者の責任が免除（または軽減）されるような規定にすることが考えられる（第４条第１項第１号、第12条第３項）。逆に、発注者側に有利な規定としては契約不適合責任の規定がある（第12条）。Webサイトやプログラムのような無形の成果物においては、完成物を引き渡した後に仕様書との不一致（主として種類または品質の不適合）が発見された場合、いつまでに修補する義務などがあるかという点が問題となる。民法では、不一致を知った時から１年以内に通知するのを原則とし、商法では、受領時から６か月以内に通知するのを原則としている。しかし、これは契約で定めれば、長くも短くもできる。書式例は受注者側に有利な規定になっている。

④　知的財産権の取扱い

特に無形の成果物は知的財産の権利関係が問題になる。Webサイトの場合、特に重要なのは著作権であるが、導入するプログラムの内容によっては、技術やアイデアを保護する特許権が問題になることもある。また、営業秘密やブランドなどの問題も考えられる。

書式例では、第14条で知的財産について総括的に記載している。基本的なWebサイトの権利（著作権）は第３項のようにすべて発注者に移転する「買い取り形式」を採用している。この場合、「著作権法第27条及び第28条に定める権利を含む」と記載し、翻案権や二次的著作物の利用権なども移転するよう明示する必要がある（著作権法61条）。

書式
5 ＳＥＯ委託契約書

ＳＥＯ委託契約書

株式会社○○○○（以下「甲」という）と、株式会社○○○○（以下「乙」という）は、検索エンジン最適化対策業務（以下「本件業務」という）の委託に関し、以下の通り契約（以下「本契約」という）を締結する。

第１条（定義） 本契約上で使用される用語の定義は次の通りとする。

① 「Webサイト」とは、甲の指定するドメイン下に作成されたインターネット上でWebページとして閲覧可能な一連のテキスト、画像及び動画等のデータの集合をいう。

② 「SEO」とは、検索エンジンの検索結果のWebページ表示順について、任意のWebサイトを上位表示させる手法をいう。

③ 「リンク」とは、Webサイト及びインターネット上におけるWebページ同士を繋ぐものをいう。

④ 「ページランク」とは、Googleによる被リンク数を根拠に導かれたWebサイトの重要度を示す指標の一つをいう。

⑤ 「アクセス数」とは、Webサイトの閲覧者がWebページを閲覧した回数をいい、個別のページ閲覧数（ページビュー数）も同義とする。

⑥ 「ディレクトリ登録」とは、さまざまなWebサイトをカテゴリ分けして掲載しているWebサイトにアクセス数の向上、ページランクの向上などを目的としてサイト登録することをいう。

⑦ 「クローラビリティ」とは、Webサイト内のリンクの適正さにより、検索エンジンロボットの巡回がスムーズに行われるかを導き出す指標をいう。

⑧ 「インデクサビリティ」とは、Webサイト内の記述や構造の適正さにより、検索エンジンに記録されるWebサイト情報が正しく認識されるかを導き出す指標をいう。

⑨ 「リンクポピュラリティ」とは、良質な被リンクの量によりペー

ジランクを導き出す指標をいう。

⑩ 「ソースコード」とは、Webサイトを作成する際に使用されるプログラム言語の記述をいう。

⑪ 「アルゴリズム」とは、コンピュータによる特定の目的を達成するための処理手順をいう。

⑫ 「サーバ」とは、ネットワーク上において、コンピュータからの要求を受け、一括処理をしてファイルやデータ等を提供するコンピュータをいう。

第2条（目的及び委託の内容） 甲は、希望するキーワードを検索エンジンの検索結果に上位表示させるために、甲指定のWebサイト（以下「本件サイト」という）の最適化並びにページランク及びアクセス数の向上を実現するための業務（以下「本件業務」という）を乙に委託し、乙はこれを受諾する。

2 本件業務は準委任契約とし、詳細は次の通りとする。

① 本件サイトのディレクトリ登録等

② クローラビリティ及びインデクサビリティの確保に係る提案

③ リンクポピュラリティ向上のための提案

④ 本件サイトのアクセス解析業務

⑤ アクセス数向上に係る改善のための企画及び立案

⑥ 本件サイトのソースコード編集

⑦ 前各号の他、SEO対策のために必要な業務

3 本件業務は検索エンジンGoogle（Google提携サイトを含む）及びYahoo! Japanを基準とし、甲が選定するキーワード及び業種を前提とする。

4 乙は本件業務による効果に対する責任は一切負わず、甲はこれを承諾する。

5 乙は、毎月10日までに、甲に対し本件業務に関する前月分の実施内容及び結果に関するレポートを、電子メールに添付して提出しなければならない。ただし、次条に定める甲の作業の遅延又は誤り等があった場合はこの限りではない。

第3条（甲の協力義務） 甲は、本件業務の実施にあたっては、次の事項に留意し、乙に協力するものとする。

① 甲の本件業務に関する窓口及び協力者となる担当責任者1名の決定
② 本件業務遂行上必要な情報及び社内資料の提供並びに各書類の記載及び手配
③ 乙が甲の共同作業者を必要とする場合は、その提供及び手配についての協力
④ その他、本件業務遂行上必要な場所、機器、ソフトウェア及び素材等の提供又は貸与
⑤ 本件業務遂行上必要となるディレクトリ登録運営会社等との速やかな契約締結
⑥ 甲の指定するキーワード及び業種に関して、法律上又は業界団体等による規制がある場合の事前告知

第4条（委託料） 甲が、乙に対して支払う本件業務の委託料は月額100,000円（消費税を含まない）とする。

2 前項の委託料は、乙が当月分の報酬を翌月25日までに甲に請求し、甲は、請求対象月の翌月末日までに、乙の指定する金融機関口座に甲の手数料負担のもと、振り込むものとする。

・乙指定の金融機関口座
○○○○銀行　○○○○支店
普通預金　口座番号：○○○○○○○
口座名義：カブシキガイシャ○○○○○○○○

3 本件業務遂行上、Webサイトを大幅に変更する作業を行う必要がある場合、乙は事前に書面又は電子メールにより変更に伴う追加料金見積額を通知し、甲が承諾すればこれを請求することができる。ただし、甲が承諾しなかった場合、乙はWebサイトの変更を一切行わない。

4 本件業務遂行中、検索エンジンによるアルゴリズム変更があった場合も前項に準ずる。

第5条（契約期間） 本契約の期間は、契約成立の日から1年間とする。ただし、期間満了の1か月前までに、甲又は乙から本契約を更新しないとの意思表示がない場合には、さらに1年間、同一条件にて延長したものとみなし、以後も同様とする。

第6条（費用の取扱い） 乙は、甲に対し本件業務を遂行するために要す

る費用（登録料、広告料、乙の交通費、出張費及び宿泊費を含む）を、乙が事前に書面又は電子メールによって甲に通知し、甲が承諾したものに限り、別途請求することができる。

第7条（再委託の禁止） 乙は、本件業務の全部又は一部を第三者に委託してはならない。

第8条（資料又は機器の保管・管理） 乙は、本契約期間中に限り、本件業務に必要なID及びパスワードを保有し、サーバ及びアクセス解析画面等にアクセスすることができる。

2　乙は、本件業務に関して甲より提供された一切の資料及び情報を、善良なる管理者の注意義務をもって保管及び管理し、甲の事前の書面又は電子メールによる承諾を得ないで複製又は第三者へ交付し、その他本件業務以外の目的に使用してはならない。

3　乙は、提供された資料及び情報並びに機器等が不要となった場合、本契約が解除された場合、又は甲からの要請があった場合、甲から提供された資料、情報及び機器等を速やかに処分（貸与された機器等については甲に返却）するものとする。

第9条（提供情報の取扱い） 甲は、乙が本件業務を遂行する過程で甲に対して行った提案、指導及び助言等の情報について、自己の責任と負担においてのみ利用することができる。

2　前項の情報は、第三者に利用させないものとする。ただし、乙による事前の書面による承諾がある場合は、この限りではない。

第10条（秘密保持） 甲及び乙は、本契約の履行に関連して知り得た相手方に関するすべての秘密情報を、相手方の書面又は電子メールによる承諾なくして、第三者に開示又は漏えいしてはならない。ただし、法令の定めに基づいて、官公署等から開示の要求があった場合は、開示することができる。

2　前項の秘密情報には、次の各号に掲げる情報を含まない。

①　秘密保持義務を負うことなくすでに保有している情報

②　秘密保持義務を負うことなく第三者から正当に入手した情報

③　相手方から提供を受けた情報によらず、独自で保有していた情報

④　事前に公知となっている情報

3　本条の規定は、本契約終了後又は期間満了後も有効に存続する。

第11条（著作権の譲渡） 本件業務遂行上、乙が制作したテキスト及び素材に関する著作権（著作権法27条及び28条の権利を含む）は、乙から甲へ移転する。

第12条（譲渡禁止） 甲及び乙は、事前に相手方の書面による同意を得た場合を除き、本契約に基づいて発生する一切の権利を第三者に譲渡し、又は担保の目的にしてはならない。

第13条（賠償責任） 甲及び乙は、本契約に基づく債務を履行しないことが原因で、相手方に現実に損害を与えた場合には、本契約の解除の有無にかかわらず、本件業務に対する委託料額の１年分を限度として損害賠償責任を負う。本項には、相手方の責めに帰すことができない事由による一方的な契約解除を含む。

第14条（免責） 乙は、次の各号につき、一切の責任を負わないことに甲は合意する。

① 乙が予見すべきであったか否かを問わず、乙の責めに帰すことができない事由により生じた損害に対する責任、間接的、二次的、付随的及び懲罰的な損害賠償責任並びに利益又は売上の損失に対しての責任

② 本件業務による、問い合わせ数、申込数及び売上の増加

③ 乙が本件業務を遂行する過程で甲に対して行った提案、指導、及び助言等の情報に関して、又は乙が制作したテキスト及び素材に関して第三者からなされた苦情並びに裁判上及び裁判外の請求

④ サーバメンテナンス、その他の乙による管理が及ばない理由によるWebサイトの不具合

第15条（不可抗力） 甲及び乙は、天災地変、戦争、内乱、暴動、ストライキ、労働争議、社会的大変動、法令の改廃及びその他の本契約に重大な影響を与えると認められる事由など、双方いずれの責めにも帰し得ない不可抗力によることが明らかであるときは、本契約の不履行とはせず、その責めを負わないものとする。

第16条（契約の解除及び期限の利益の喪失） 甲及び乙は、相手方が次の各号のいずれかに該当した場合には、予告なく本契約の全部又は一部を解除することができる。

① 当事者一方が相手方に対する料金支払債務、その他一切の債務について弁済を怠ったとき
② 差押、仮差押、仮処分、公売処分、租税滞納処分その他公権力の処分を受けたとき、民事再生手続の開始、会社更生手続の開始、破産手続の開始若しくは競売を申し立てられたとき、又は自ら民事再生手続の開始、会社更生手続の開始若しくは破産手続の開始の申立てを行ったとき
③ 監督官庁により営業停止又は営業免許若しくは営業登録の取消の処分を受けたとき
④ 資本の減少、営業の廃止若しくは変更又は解散の決議をしたとき
⑤ 自ら振り出し、又は引き受けた手形又は小切手について、不渡り処分を受ける等支払停止状態に至ったとき
⑥ 本契約の条項に違反し、一方が相当な期間を定めて催告したにもかかわらず、なおその期間内に違反を是正しないとき
⑦ その他、財産状況が悪化し、又はそのおそれがあると認められる相当の事由があるとき
⑧ 刑法上の犯罪行為、その他法令・公序良俗に反する行為が認められたとき
⑨ 当事者一方が信用を著しく毀損する行為又は背信的と認められる行為を行ったとき

２ 前項各号のいずれかに該当した者は、相手方に対し負っている債務について期限の利益を失い、直ちに債務の全部を一括して弁済しなければならない。

第17条（準拠法、合意管轄） 本契約の準拠法については日本法が適用されるものとする。

２ 甲及び乙は、本契約に関して万一紛争が生じた場合は、○○裁判所を第一審の専属的合意管轄裁判所とすることに合意する。

第18条（協議） 本契約に定めのない事項又は本契約の条項の解釈に疑義が生じた事項については、甲乙協議の上、円満解決を図るものとする。

以上、本契約成立の証として、本契約書を２通作成し、記名押印の上、

各々１通を保有する。

令和○年○月○日

（甲）○○県○○市○○町○丁目○番○号
株式会社○○○○
代表取締役　○○○○　㊞
（乙）○○県○○市○○町○丁目○番○号
株式会社○○○○
代表取締役　○○○○　㊞

Point

1　どんな契約なのか

SEO（Search Engine Optimization）は、特定のキーワードについて、検索エンジンの検索結果について上位表示されるようWebサイトを最適化するサービスである。広告出稿などを中心にWebサイトへの訪問者数を増やすSEM（Search Engine Marketing）というサービスのひとつである。契約によっては、SEMを含めてSEOと表現している場合があるので注意したい。SEO委託契約は、コンサルティング業務的な要素と実際にWebサイトに手を加える作業委託的な要素が混在している。そのため、提案や企画も含めて委託範囲を明示（第２条）することが重要である。ただし、あくまでコンサルティングの要素が強いために再委託は禁止されることが多いようである（第７条）。

ただ、本書式のような作業委託的な要素がある場合は、委託内容を詳細に定めた上で限定的に再委託を認める場合もある（プログラム改変、デザイン、情報収集、資料作成など）。その他、責任の範囲（第２条第４項、第９条、第14条）や秘密保持（第10条、第８条第２項・第３項）などを明示的に規定することは非常に重要である。

2　SEO委託契約固有の問題

前述した条項の他に、SEO委託契約という形態から考えられる特性を以下で取り上げる。

①　SEO対策の範囲

SEO対策について、発注者は対策を委託したことで、過剰な期待を持つことが多いといえる。そこでSEO委託契約では「特定のキーワード」や「一定範囲の業種」に限定する第２条第３項のようなSEO対策の範囲を絞り込む規定が必要になる。なお、検索型エンジンがGoogleとYahoo! を基準としているが、現段階でYahoo! の検索システムもGoogleのアルゴリズムが採用されているといわれている。それでも、両者の検索結果には微妙な違いが生じているため、無用な危惧が生じないよう、いずれかの検索エンジンに限定することも重要な検討事項だといえる。

②　発注者の協力義務

Webサイト制作・保守業務委託契約書（227ページ）でも同様であるが、特にSEO委託契約では、発注者による協力がないと目的達成ができないため、発注者の協力義務を詳細に定める（第３条）。ディレクトリ登録における迅速な契約締結や、業種特有の呼称や規制に関する情報をふまえなければ、Webサイトの最適化が適切に行えないためである。

③　委託料の考え方

SEO委託契約の対価は原則的には月額固定支払いになる（第４条）。ただし、大幅なWebサイトの改修が必要な場合、追加料金を請求できるようにするべきである（同条第３項）。委任契約であるため、成果物の納入義務はないが、第２条第５項のようにレポート等の報告義務を課すことで、誠実な業務遂行がなされるように定められることが一般的である。また、費用については独立した条項を定め、後々のトラブルにならないようにする必要がある（第６条）。

④　免責

発注者側はあくまで自己責任で提供されるレポートや提案・企画を採用する姿勢が前提である。このことから、通常は、免責の規定（第14条）をはじめ、SEO対策の効果に対する免責（第２条第４項）、提案内容等に関する免責（第9条）といった規定を定める。

書式
6 情報提携契約書

情報提携契約書

○○株式会社（以下「甲」という）と○○株式会社（以下「乙」という）は、次の通り、情報提携契約（以下「本契約」という）を締結した。

第１条（契約の目的） 本契約は、甲及び乙がそれぞれ有する商品開発に関する情報につき、提携を行うことを目的とする。

第２条（方法） 甲及び乙は、それぞれが有する以下の情報を交換するため、定例会議の共催、業務資料の開示、連絡担当者の選定等を行うこととする。

① 使用原料について

② 原材料の成分・配合情報

③ 販促計画及び商品の陳列提案

④ 店舗・商品別の売上実績

⑤ その他商品開発に有益な情報

２ 甲及び乙は、前項の他、必要に応じて相手方に対し、資料開示の追加、臨時会議の開催、施設・設備への立入り・利用等を求めることができ、相手方は、正当な理由がなければ、これを拒否することができない。

第３条（秘密保持） 甲及び乙は、本契約の履行の過程で知り得た相手方の秘密を、本契約の期間中及び本契約終了後も他に漏えいしてはならない。

第４条（解除） 甲又は乙は、他の当事者が本契約に違反した場合は、何ら催告をすることなく直ちに本契約を解除することができる。

２ 甲又は乙は、本契約に違反したことによって他の当事者に生じた損害を賠償しなければならない。

第５条（期間） 本契約の有効期間は、本契約締結の日から○年間とする。

第６条（合意管轄） 甲及び乙は、本契約に関して紛争が生じた場合には、甲の本店所在地を管轄する裁判所を第一審の専属的合意管轄裁判所とすることに合意する。

本契約の成立を証するため、本書２通を作成し、甲乙記名押印の上、各１通を保有することとする。

令和○年○月○日

（甲）東京都○○区○○町○丁目○番○号
○○株式会社
代表取締役　○○○○　㊞
（乙）東京都○○区○○町○丁目○番○号
○○株式会社
代表取締役　○○○○　㊞

Point

情報提携契約は、事業を通じて保有するに至った有益な情報を、企業同士が互いに融通し合うことを目的として結ばれる契約である。本書式例のような商品開発に関する情報の他、顧客情報、マーケット情報などの提携が考えられる。

情報提携契約を結ぶ上で注意すべきなのは顧客情報の取扱いである。万が一、顧客情報が漏えいした場合などに備えて、秘密保持条項を定める必要がある他、秘密保持条項に違反した場合の賠償額の予定について定めることも考えられる。また、顧客情報の提供は「個人データの第三者提供」にあたるので、個人情報保護法の規制に違反しないように行わなければならない。

情報提携契約は、印紙税の課税対象とはされていないので、情報提携契約書に収入印紙の貼付は不要である。

第７章

その他の委託に関する書式

書式
1 経理事務等委託契約書

経理事務等委託契約書

○○株式会社（以下「甲」という）と株式会社○○（以下「乙」という）は、経理事務の委託に関し、次の通り契約（以下「本契約」という）を締結する。

第1条（目的） 甲は、乙に対し、次の業務（以下併せて「本件業務」という）を委託し、乙はこれを受託する。

① 現金出納に関する事務
② 伝票作成・入力に関する事務
③ 支払い・請求に関する事務
④ 売掛金管理・買掛金管理に関する事務
⑤ 帳簿記録に関する事務
⑥ 年次決算に関する事務
⑦ その他甲乙合意の上、定めた業務

第2条（委託料） 本契約の委託料は、月額金○○円とする。

2 甲は、乙に対し、前月の委託料につき翌月末日までに乙の指定する口座に振り込んで支払う。

第3条（報告義務） 乙は、本件業務の履行状況につき、甲から請求があった場合はいつでも、当該履行状況を直ちに報告しなければならない。

第4条（禁止事項） 乙は、甲の事前の書面による承諾を得た場合を除き、本契約に基づく権利義務の全部若しくは一部を譲渡し、又は担保に供してはならない。

第5条（秘密保持） 乙は、本契約に基づき取得した甲の営業上又は技術上の秘密については、次のものを除き、本契約期間中及びその終了後も、甲の事前の書面による承諾なく第三者に開示、漏えいしてはならない。

① 自らの責めによらずに公知となった情報
② 乙が権限ある第三者から取得した情報

③　甲から開示される前から合法的に保有している情報
④　独自に開発した情報
⑤　裁判所又は権限ある行政機関から提出を命じられた情報
⑥　法令等の定めるところにより開示された情報

第６条（善管注意義務）乙は、本件業務につき、善良なる管理者の注意をもって履行しなければならない。

第７条（解約）乙は、本契約期間満了前に本契約を解約しようとする場合は、その１か月前までに相手方に対して、書面により解約の申入れをしなければならない。

第８条（契約解除）甲又は乙は、相手方が次の各号の一つに該当した場合は、何らの催告を必要とせず、直ちに本契約を解除することができる。

①　本契約に違反した場合に、相当の期間を定めて是正を勧告したにもかかわらず、当該期間内に是正を行わないとき
②　営業停止など行政処分を受けたとき
③　税の納付に関し滞納処分を受けたとき
④　差押、仮差押、仮処分等を受けたとき
⑤　手形又は小切手につき不渡り処分を受けたとき
⑥　破産、民事再生若しくは会社更生の申立てを行ったとき、又はこれらの申立てが第三者からなされたとき
⑦　会社の組織について、解散、合併、会社分割、又は事業の全部若しくは重要な一部の譲渡を決議したとき

２　前項に基づいて本契約が解除されたときは、責めに帰すべき事由のある当事者は、相手方に対して、本契約の解除により相手方が被った損害を賠償しなければならない。

第９条（契約期間）本契約の期間は、令和○年○月○日から令和○年○月○日までとする。ただし、期間満了の１か月前までに甲乙双方から別段の意思表示なきときは、自動的に１年間更新するものとし、以後も同様とする。

第10条（裁判管轄）甲及び乙は、本契約に関する一切の紛争に関しては、甲の本店所在地を管轄する簡易裁判所又は地方裁判所を第一審の専属的管轄裁判所とすることに合意する。

第11条（双方協議）本契約に定めのない事項又は本契約の条項に解釈上の疑義を生じた事項については、甲乙双方協議の上、解決するものとする。

本契約の成立を証するため、本書２通を作成し、甲乙記名押印の上、各１通を保有する。

令和○年○月○日

（甲）東京都○○区○○町○丁目○番○号
○○株式会社
代表取締役　○○○○　㊞
（乙）東京都○○区○○町○丁目○番○号
株式会社○○
○○○○　㊞

Point

本書式例は、経理事務を外部に委託する際に用いる業務委託契約に関する契約書である。委託する業務内容については、後日トラブルが発生しないように、できるだけ詳細かつ具体的に定めることが重要である。

委託者としては、受託者に対して、受託者が適切に業務遂行していることをチェックするための報告義務や、取引に関する大事な企業秘密を漏えいされないための秘密保持義務を課しておくことが重要である。

なお、経理事務などの事務処理に関する委託契約書の印紙税については、純粋な準委任契約（法律行為を伴わない事務処理などを委託する契約のこと）の場合には印紙税はかからない。ただし、契約書の内容が継続的取引の基本となる契約書といえるものであれば、4000円の収入印紙の貼付が必要になる。

書式
2 警備委託契約書

警備委託契約書

株式会社○○○○（以下「甲」という）と○○○○株式会社（以下「乙」という）とは、甲が所有する○○○○の警備業務に関し、次の通り警備業務委託契約（以下「本契約」という）を締結する。

第１条（信義誠実の原則） 甲及び乙は、信義を重んじ、誠実にこの契約を履行しなければならない。

第２条（委託業務） 委託業務は、次の通りとする。

① 名称　○○○○警備業務（以下「委託業務」という）

② 委託業務実施場所　東京都○○区○○町○丁目○番○号
株式会社○○○○

③ 委託業務内容　別紙警備業務仕様書の通り

第３条（契約期間） 本契約は、令和○年○月○日から令和○年○月○日までとする。ただし、期間満了の３か月前までにいずれかの当事者より書面による別段の申し出がないときは、さらに１年間延長するものとし、以後も同様とする。

第４条（委託料） 本契約における請負金額並びに支払方法は、次の通りとする。

① 委託金額　月額　金○○円とする。

② 支払方法　甲は、乙に対し、業務の終了した月の翌月○日までに乙の指定する銀行口座に委託料を振り込むものとする。ただし、振込手数料は乙の負担とする。

第５条（権利譲渡の禁止） 乙は、甲からの書面による事前の承諾を得ない限り、本契約から生ずる権利若しくは義務を第三者に譲渡、継承又は質入等の担保に供してはならない。

第６条（再委託の禁止） 乙は、本契約に基づく委託業務を第三者に再委託してはならない。ただし、甲により事前の承諾を得た場合はこの限りではない。

第7条（警備員の承認） 乙は、本契約における委託業務に従事する乙の従業員（以下「警備員」という）について、警備業法の規定を厳守し、健康な者をこれに充てるものとする。

2　乙は、警備員の氏名、住所、年齢及び経歴を記した警備員名簿を甲に提出し、その承認を得なければならない。

3　甲は、警備員について、服務上著しく問題があり、業務遂行が不適当と認められるときは、乙に対して当該警備員の交替を求めることができる。

第8条（現場責任者） 乙は、本契約における委託業務の遂行にあたり、現場責任者を選任し、速やかに甲に届け出るものとする。

2　前項に定める現場責任者に事故があるときは、乙は、速やかに代行者を選任し、甲に届け出るものとする。

第9条（法令の遵守） 乙は、警備業法を遵守し、労働基準法、労働安全衛生法、労働者災害補償保険法、職業安定法その他従業員に対する法令を遵守の上、乙の従業員を管理し、甲に対し責任を及ぼさないものとする。

第10条（報告義務） 乙は、業務が完了したときは、遅滞なく甲に対して業務完了報告書を提出しなければならない。

2　乙は、甲の求めがあるときは、業務の遂行に関しての情報を速やかに報告しなければならない。

3　乙は、業務の遂行において何らかの問題が生じたるときは、甲に対し速やかに報告しなければならない。

第11条（警備員の詰所） 甲は、必要があると認めるときは、警備員の詰所として、本建物の一部を無償で乙の使用に供するものとする。

2　乙は、前項の規定により甲から提供された施設を善良に管理するとともに、前項の目的以外に使用してはならない。

第12条（費用の負担） 乙が本契約における委託業務の遂行にあたり、甲の所有する設備の使用にかかる水道光熱費については甲の負担とし、機械器具並びに消耗品にかかる費用については乙の負担とする。

2　乙は、前項の電気、水道及びガスの使用にあたっては、極力節減し、効率的に使用しなければならない。

第13条（秘密保持） 甲及び乙は、本契約の有効期間内のみならず、契約終了後においても、本契約及びその履行において知り得た秘密及び個人情報を、正当な理由なく第三者に開示又は漏えいしてはならない。

第14条（契約解除） 甲及び乙は、相手方が本契約の定めに違反し、相当の期間を定めて是正を催告したにもかかわらず、相手方が是正をしない場合には、直ちに契約解除をすることができるものとする。

2　甲及び乙は、次の各号の一に該当する事由が生じた場合、相手方に対し何らの催告をすることなく、直ちに契約解除をすることができるものとする。

①　相手方の故意又は重大な過失により重大な損害を受けたとき

②　相手方の故意又は過失により委託業務の遂行に重大な支障が生じたとき

③　相手方が、監督官庁より営業取消又は停止等の処分を受けたとき

④　相手方が、手形・小切手の不渡りを出し、銀行取引停止処分を受けたとき

⑤　相手方が、差押、仮差押、仮処分等の財産上の信用に関わる処分を受けたとき

⑥　相手方が、破産、民事再生、会社更生、会社整理、特別清算の申立てがあったとき

第15条（損害賠償責任） 乙は、自らの責めに帰すべき事由により、甲に損害を与えたときは、自己の負担において原状に回復し、又はその損害に相当する金額を損害賠償として甲に支払わなければならない。

第16条（第三者に対する損害） 乙は、本契約における委託業務の遂行にあたり、第三者に損害を与えたときは、甲の責めに帰すべき事由による場合を除き、自己の負担において当該損害を賠償しなければならない。

第17条（合意管轄） 甲及び乙は、本契約により生じる紛争については、甲の本店所在地を管轄する地方裁判所又は簡易裁判所を第一審管轄裁判所とする。

第18条（協議事項） 本契約に定めのない事項又は解釈に疑義が生じた

事項については、甲乙協議の上、解決するものとする。

本契約の成立を証するため、本書２通を作成し、甲乙記名押印の上、各１通を保有する。

令和○年○月○日

（甲）東京都○○区○○町○丁目○番○号
株式会社○○○○
代表取締役　○○○○　㊞
（乙）東京都○○区○○町○丁目○番○号
○○○○株式会社
代表取締役　○○○○　㊞

警備業務仕様書

この仕様書は、株式会社○○○○と○○○○株式会社において締結された、令和○年○月○日付警備委託契約書の業務内容を明確にするものである。

１．警備対象物件
名称　○○○○ビル
所在地　東京都○○区○○町○丁目○番○号

２．警備の目的
不審者の侵入防止、館内における火災の防止、盗難、破壊行為の防止、並びに早期発見に努める。

３．警備の方法
夜間及び休館日の巡回警備及び機械警備により行う。

巡回警備は○時間に１回、館内及び外周を巡回する。

４．異常発見時の対応

必要により、警察・消防へ通報する。

緊急連絡網により、直ちに関係各位に連絡する。

５．注意事項

警備員は巡回中は必ず制服制帽を着用すること

Point

不審者の侵入防止、火災の防止といった目的で、施設や建物の警備業務を専門業者などに委託することがある。そのような場合に結ぶ契約が警備委託契約である。

警備委託は、委託者の管理する施設や建物において、受託者の警備業務が遂行されることが多い。また、警備業務の特性上、作業従事者の能力などに影響される事項が多くなる。そのため、通常の業務委託契約では、作業従事者の人選を含めて、受託者による業務の遂行について委託者が直接的に関与することは少ないが、警備委託契約では、委託者も作業従事者の人選に対し、一定の発言権を持てるようにすることが重要である（第７条）。ただし、作業従事者への「指揮命令」自体については、これを雇用する受託者の専権事項となる点に注意を要する。

警備の目的、方法、異常時の対応などについては、契約書に定めることもできるが、仕様書として「別紙」にまとめることにより、必要に応じた微調整が行いやすくなる。

警備委託契約書の印紙税については、純粋な準委任契約の場合には印紙税はかからない。しかし、契約書の内容が継続的取引の基本となる契約書といえるものであれば、4000円の収入印紙の貼付が必要になる。

【監修者紹介】

森　公任（もり　こうにん）

昭和 26 年新潟県出身。中央大学法学部卒業。1980 年弁護士登録（東京弁護士会）。1982 年森法律事務所設立。おもな著作（監修書）に、『図解で早わかり 最新 会社の倒産 しくみと手続き』『不動産契約基本法律用語辞典』『民事訴訟・執行・保全　基本法律用語辞典』『契約実務 基本法律用語辞典』『中小企業のための会社法務の法律知識と実務ポイント』『改正対応！株主総会のしくみと手続き』『改正対応 公正証書のしくみと実践書式集』など（小社刊）がある。

森元　みのり（もりもと　みのり）

弁護士。2003 年東京大学法学部卒業。2006 年弁護士登録（東京弁護士会）。同年森法律事務所 入所。おもな著作（監修書）に、『図解で早わかり 最新会社の倒産 しくみと手続き』『不動産契約基本法律用語辞典』『民事訴訟・執行・保全 基本法律用語辞典』『契約実務 基本法律用語辞典』『中小企業のための会社法務の法律知識と実務ポイント』『改正対応！株主総会のしくみと手続き』『改正対応　公正証書のしくみと実践書式集』など（小社刊）がある。

森法律事務所
弁護士 16 人体制。家事事件、不動産事件等が中心業務。
〒104-0033　東京都中央区新川２－１５－３　森第二ビル
電話 03-3553-5916
http：//www.mori-law-office.com

事業者必携
契約知識から下請法まで
最新　請負・業務委託・副業をめぐる法律と実務書式

2021年３月30日　第１刷発行

監修者　森公任《もりこうにん》　森元《もりもと》みのり
発行者　前田俊秀
発行所　株式会社三修社
〒150-0001　東京都渋谷区神宮前2-2-22
TEL　03-3405-4511　FAX　03-3405-4522
振替　00190-9-72758
http://www.sanshusha.co.jp
編集担当　北村英治
印刷所　萩原印刷株式会社
製本所　牧製本印刷株式会社

ISBN978-4-384-04863-6 C2032